檀馨，著名园林设计师，原北京林业大学教授，北京园林局副院长，总工；民营企业董事长，总设计师。

檀馨，荣获中国风景园林学会授予的"终身成就奖"，这是获奖时手捧鲜花的幸福情景。

馨恋园林

汪仕豪◎著

九州出版社
JIUZHOUPRESS

图书在版编目（CIP）数据

馨恋园林／汪仕豪著．--北京：九州出版社，
2023.2

ISBN 978-7-5225-1564-9

Ⅰ.①馨… Ⅱ.①汪… Ⅲ.①檀馨—传记 Ⅳ.
①K825.46

中国版本图书馆 CIP 数据核字（2022）第 231123 号

馨恋园林

作　　者	汪仕豪　著
责任编辑	周红斌
出版发行	九州出版社
地　　址	北京市西城区阜外大街甲 35 号（100037）
发行电话	（010）68992190/3/5/6
网　　址	www.jiuzhoupress.com
印　　刷	唐山才智印刷有限公司
开　　本	710 毫米×1000 毫米　16 开
印　　张	15
字　　数	186 千字
版　　次	2023 年 2 月第 1 版
印　　次	2023 年 2 月第 1 次印刷
书　　号	ISBN 978-7-5225-1564-9
定　　价	78.00 元

目　录
CONTENTS

引 子

采访四位校友，初识檀馨

闻名世界的故宫东侧与王府井西侧，新建了一座皇城根遗址公园，由于公园是一个长两千四百米、宽二十九米的长条形、开放式的街旁公园，因此著者每次途经此处，都要走马观花、沿途欣赏一番这里的美景。

在这里既能感受到来自西侧故宫民族历史的传承与中华文化的底蕴，又能体味到来自东侧国际商业大街王府井的现代气息与时尚氛围，设计者将中西合璧、古今兼容、洋风华魂深邃的哲理推向了极致，同时又将多种景观植物与雕塑、壁画、甬道等园林建筑巧妙、娴熟、精准地布置得恰到好处。著者一直在思考，是谁能将这一中国传统园林设计得如此高雅、如此老道？如此新颖并有创意的园林又是哪位园林大师的大手笔？

当著者得知位于王府井附近的皇城根遗址公园与天安门近旁的菖蒲河公园，是由一位具有传奇色彩的女园林设计师檀馨总工设计的时候，对其生出极大的尊重与敬佩。为此，著者先采访了檀馨的四个校友，对檀馨有了初步认知后，通过其中一位校友帮助，专访了檀馨这位中国园林设计界的传奇人物，一位在六十年中跨越了国有体制与民营体制两个三十年园林设计人生的女教授、女设计师、女总工程师和女企业家。

檀馨的传奇园林设计人生可分为两大部分。

前三十年，1962 至 1993 年，她在国有体制工作，先后担任了北京林业大学教师、教授，北京园林局园林设计师、副院长、总工程师；

后三十年，1993 年至 2022 年，她在自己创办的民营创新景观园林设计公司中担任董事长、园林总设计师。

檀馨一生最喜爱园林设计，喜爱园林设计师、园林设计工程师的专业工作，因此，她特别喜欢人们称呼她为檀工。

在一个天气晴朗、阳光明媚的日子，著者专程来到位于北京北三环檀馨的住宅中。著者坦诚地向檀馨表达了自己的真实心情：每次路过皇城根遗址公园与菖蒲河公园，心灵都会受到巨大的震撼，每次都会提出同一个问题，谁是这个公园的设计大师？自己一直在寻找这个答案，但不承想，今天居然能见到这两座公园的设计大师，不仅解开了心中的谜团，还能进行面对面采访。

著者在激动之余，兴奋地谈起自己有空常去紫竹院公园散步的情景。在翠竹点缀的园林中，精致典雅的山石、独具匠心的凉亭、曲折回转的小桥、波光粼粼的湖水，这一切将他带进了美丽、美妙、美幻的人间仙境，是哪位园林高手设计了这个仙境？斗转星移，时间一年年过去了，但他心中一直不知如此美的公园是谁设计的，今天，轻而易举地解开了心中的谜团。

"我万万没想到，今天能在如此近的距离见到我所喜爱的皇城根遗址公园、菖蒲河公园与紫竹院公园的设计师。这真是应了踏破铁鞋无觅处，得来毫不费工夫这句话。"著者由衷地表达着自己激动之情。

皇城根遗址公园、菖蒲河公园与紫竹院公园将著者与檀馨的距离迅速拉近了，采访进行得十分顺畅。

　　著者很快从采访檀馨联想到前些日子采访园林界四位成功人士，亦是檀馨的校友之事，这也是著者在采访檀馨之前做的重要准备工作。

　　第一位是北京林业大学资深教授杨赉丽女士；

　　第二位是北京市园林局前常务副局长，现任北京园林学会理事长张树林女士；

　　第三位是中国城市建设研究院副院长、住房和城乡建设部专家组成员、中国风景园林学会常务理事、中国城市规划学会风景环境专业委员会副主任、教授级高级工程师王磐岩女士；

　　而第四位是一位男士，他是北京山水心源景观设计院总设计师、副院长、加拿大风景园林师协会会员、温哥华学校局园林课程导师、中国人民大学徐悲鸿艺术学院客座教授、清华大学房地产 EMBA 课程客座教授、高级风景设计师夏成钢先生。

　　这四位成功人士一位是大学教授，一位是前政府官员，一位是国家研究设计院领导，另一位是海外深造归来的民营企业家。他们的人生经历与所走之路各不相同，但有几点却是完全相同的：

　　其一，他们都就读并毕业于北京林业大学；

　　其二，他们毕业后都从事中国的园林事业；

　　其三，他们都在园林界取得了业绩与成就；

　　其四，他们都在教学和工作中与檀馨有过或长或短的接触；

　　其五，他们都对檀馨十分熟悉，并且在他们的心中，檀馨给他们留下了许多美好的印象，让他们终身难以忘怀。

　　著者在采访北京林业大学著名教授杨赉丽女士时，杨教授多次提到她的一位得意门生，名叫檀馨的女学生。当时著者并不知道檀馨是何人，今天前来采访，当了解到皇城根遗址公园与紫竹院公园都是由檀馨设计时，在惊叹、崇敬之余，这才将采访杨教授的内容与今天联系在一起。

杨赟丽教授是一位学识渊博、气度不凡、性格豪爽、待人真诚的长者。著者在采访时，杨教授一边认真地回忆，一边坦诚地说道："在我教过的众多学生中，檀馨是一位很有成就的学生。20世纪改革开放初期，北京的香山饭店是北京乃至全国的一个令人瞩目的工程，当时檀馨配合国际著名建筑大师贝聿铭先生负责香山饭店的园林设计，这在改革开放刚起步时期，在国内建筑界、园林界可是一件很重要的大事。

"檀馨能否担当起这一重任，我作为她的老师是持完全信任与支持态度的。后来香山饭店建设的进程也证实了我的信任与支持是十分正确的。

"檀馨与贝聿铭先生配合得非常成功，她实现并超越了贝聿铭对香山饭店园林设计意境与效果的要求，美的园林、美的景致、美的风景为香山饭店极大地添了光、增了色。贝聿铭作为闻名全球的建筑大师，对檀馨的工作十分满意，对与檀馨的合作也感到十分愉快。当香山饭店建成后，檀馨获奖并取得荣誉时，作为她的老师，同时又是园林设计界的同行，我感到非常自豪，这是我当老师的骄傲，更是中国园林设计师与园林界的光荣。"

"您为什么能毫无保留地信任并支持檀馨参加香山饭店园林的设计？要知道贝聿铭可是一位大名鼎鼎、享誉国际的建筑设计泰斗，您的信任与支持有什么依据呢？"著者问道。

杨教授回忆道："我初次见到檀馨是在1957年的夏天，当时她刚刚考进北京林业大学的城市居民绿化专业，这个专业后来就更名为园林专业，并建立了园林系。

"檀馨给我留下的第一印象是一个非常可爱、非常懂事、非常听话的年轻姑娘，个子不很高，但很机敏、很灵活，她不太爱说话，人很老实，初次见面时是她哥哥带着她来见我的。她哥哥与我曾是同一届的学生，当时他读的是农化系，但他更喜欢我所学的园林专业，每当看到我们园林系在教室里作画，或是在野外写生，他就非常羡慕。他不止一次地对我说，我是没办法了，但我有一个妹妹，她不但学习很好，而且非常喜欢画画，我一定要让她考北京园林大学园林专业。这句话很快成为现实，他与他的妹妹果然真真切切地站在了北京园林大学的校园中，并与教他妹妹的园林专业的老师面对面谈着话。"

杨教授思考片刻后继续道："当老师的一般对自己的学生是最了解的，特别是对于自己喜欢的优秀学生更会增加一份关心与了解。檀馨在大学学习时最先表现出来的是她的美术功底很强，她对于山水的色彩、轮廓、线条、层次、色彩掌握得非常准确，对于鸟瞰图的空间感、透视性也掌握得十分到位，从她身上能看到美术的天才与美学的天赋。

"檀馨不仅美术学习成绩优异，她还有一个最大的优点就是不偏科，各门学科平均发展，成绩都很优秀。由于她高中就读于北京市的一所重点中学——北京女一中，因此她的数学、几何、语文、生物等基础课都很强，这对学习大学园林专业各门功课大有帮助。

"以园林美术作画来说，园林美术是要与园林设计相结合，并为今后园林设计打基础的。园林设计一方面与建筑学有着紧密的联系，建筑学又与理科的数学、几何、立体几何、物理相关联；另一方面园林设计又与历史、地理、中文、文学、美术、古诗词等文科课程相关联，因此，实际上园林设计是跨越文、理科的一门综合学科。

"一些纯学习美术专业的学生虽然美术很好，但他们在作画时考虑、构思的只是艺术性、层次感、图画结构、色彩搭配，他们不会想到建材力学、地基深度、植物气候适应性等其他方面因素。因此，檀馨不仅要能画一手好画，并且在画画时还能懂得历史、中文、数学、几何、生物等相关的知识，做到既突出美术好的优势，又重视其他各门学科，实现综合学习、全面发展。因此，我之所以毫无保留地信任并支持檀馨参加香山饭店园林设计，首先是因为她在大学里专业知识学习得很扎实、知识涉及面很广、绘画能力很好、动手能力很强。"

著者一边仔细地倾听着，一边认真地做着记录。

杨教授继续道："第二条是檀馨对待工作高度敬业、特别认真、不怕吃苦、亲临现场。1966 年'文革'开始后，北京林业大学搬迁到了云南丽江，在丽江我与檀馨作为近邻一起相处了一、二年，在那段极其艰苦、艰辛的日子里，我看到了檀馨的乐观、豁达、开朗与坚定，在那种生活极端困苦、前程不知在何处的特殊历史年代，能具有如此性格，实属难能可贵，这实际上真实地展示出了檀馨天然的发自内心的人性美。

"在这种向上的、阳光的性格支撑下，到了1974、1975 年林大开始招收工农兵学员，复课闹革命一时成了中心工作。而此时上课，'文革'前的旧教材，一是属于封、资、修不敢用，二是旧教材在'文革'中被烧、被毁，再加林大搬迁，也已几乎不存在了，因此此时重新编写教材就成为一项重要工作。

"檀馨在完成这项工作中表现得十分突出，她每天早晨起得很早，到广州的各个公园去进行写生、测绘、收集资料；到园林设计院、建筑公司、建筑队、工程队去了解情况、收集并整理相关园林设计与建设的资料、数据与实例，并将这些大量的资料、数据、实例、写生进行挑选、分类、编号后，与其他老师获得的资料混合在一起，大家一起讨论、研究，并开始一章章、一节节，策划、编写新的园林教材。

"当时正是'文革'十年浩劫的后期，大部分知识分子长期下放农场、农村劳动，很长时间未摸过书、动过笔，更没有考察、学习、研讨的机会，而此时檀馨却获得了一个十分宝贵的考察、学习、研讨的机会。檀馨牢牢抓住了这一难得的机会，在考察、学习、研讨、编书、教书中高度认真、不怕吃苦，做到了尽心、尽力、尽责，这使她的业务水平得到了很大的提高。

"十年'文革'是大多数知识分子长期不接触、不熟悉、不学习、不研究专业业务的特定历史时期，像檀馨这样的情况已属于很具有业务优势了，她是属于基本上未放下、未脱离专业业务的工程技术人员，这是我之所以毫无保留地信任并支持檀馨参加香山园林设计的第二个重要原因。"

"实践出真知。从檀工今天走过的路来看，您作为她的老师，对她看得还是很准的，在香山饭店园林设计中您能给予她这么大的信任与支持，在当时的历史环境下，您实际上不仅做了她的好老师，还成了她的好伯乐。"著者真诚地说道。

杨教授认真地对著者继续道："我的这位学生确实能做出许多与众不同之事，我信任她、支持她参加香山饭店园林设计，她就以自己出众的才华、出色的成果，在中国园林设计建设舞台上来了一个完美、辉煌的亮相，声振四海、名扬八方，让我及所有认识她的人肃然起敬、刮目相看。

"而正当我被檀馨在中国园林界取得一个又一个成就所感动、所振奋时，檀馨又给了我、给了所有认识与了解她的人一个惊人之举——在即将退休时，舍去一切荣誉与功名，辞去国家公职，下海创业自办公司。

"我感到檀馨最大的特点，也是她最大的优点就是非常有魄力、有远见，就以她退休一事来说，就是最有力的证明。当时她离五十五岁正式退休还只差三个月,她还是北京市劳模,在北京园林界干出了许多出色的业绩,张百发等市领导都很了解她、认可她、赏识她。她不仅享有国务院专家津贴,而且园林设计院要将她提升为副局级总工程师,在北京园林设计行业中,一位知识分子能获得如此多的成就、地位与荣誉,已属非常难得,但就是在这一片光明的大好形势下,檀馨却做出了让所有人都大吃一惊、大感疑惑的壮举——辞职!

"当时,她的领导不理解,她的同事不理解,她的老朋友也不理解,就连与她最亲近的丈夫也不理解,然而在檀馨身上就有这股韧劲,她自己看准的事情就一定要去做,自己看对的路就一定要去走。

"现在回过头去看,当年若不辞职,升任总工程师也并没有错,但辞职后自己挑起一家创新景观园林设计公司,不仅可继续展示自己的设计才华,还能培养、磨炼并提升自己的经营与管理能力。最终来看,辞职后所走的路比不辞所走的路更好、更正确:一方面给国家、给园林事业做出了更大的贡献,另一方面创建了一家属于自己的公司,并且这家公司所从事的是自己酷爱的专业,所干的事业是自己喜爱的事业,还通过这家公司培养了一批有志于中国园林设计事业、有才华、有实践经验的年轻人。

"在人生最顺、最辉煌时毅然辞职,并从零开始创建自己的公司,只有檀馨才有如此远见、魄力、胆量与勇气。实际上魄力、胆量与勇气都首先建立在远见基础之上,因此让我最钦佩的恰恰是檀馨的远见。一个有远见的人,一个对未来发展看得准的人,才是能干成一番事业的人。对于我的这位学生,她的远见最让我赏识,她的魄力也最让我赞叹。"

"那么您认为檀工的成功,除了远见与魄力外,还有其他什么重要因素?"著者问道。

杨教授思考后回答道："用人之道掌握得非常好是檀馨成功的另一个重要因素。檀馨特别重视人才、关心人才、爱护人才，对于对公司做出重大贡献的杰出人才，就给予赠送住宅楼房与小轿车的高额奖励，即便在创业初期，身为董事长的自己也还无车无房的情况下，也要为做出突出贡献的业务尖子提供重奖，这一点实在很难得。

"檀馨待人真诚，能用人之所长。朝阳区有一位园林植物老设计师，虽然年龄较大，但对植物十分熟悉，檀馨用他的一技之长，很好地发挥了他的才华。在檀馨的团队中老、中、青三结合，做到了既相互配合，又各自突显优势，将老年人的经验、中年人的沉稳、年轻人的敏锐发挥到了极致。

"尊重人、尊重员工、关爱员工，以真情换真心，使企业员工队伍上下一心，具有很强的凝聚力、向心力与执行力，同时具备了强烈的荣誉感、责任感与使命感。在情感上关爱、尊重人，在管理上实行人性化管理，多劳多得、奖罚分明，使每个员工明白一个简单而重要的道理：依靠自己的才华、才能、知识、技术、技能、经验、想象力、创造力、创新力，诚实劳动、团结协作、共同努力，不仅能为公司创造财富，也能为自己带来丰厚的工资收益。公司与员工是水与船的关系，公司的水涨了，员工的船也就高了。

"在用人之道上，非常关键的一点是能够看清人、看准人，知人善任，上至一位国家领袖，下至一个企业家，这一条都是极其重要的。而檀馨作为一个企业家，实践证明，在'用人之道'上她确实做到了能够看清人、看准人，并知人善任，这些就是檀馨所创建的公司走向成功的关键所在。"

"'远见与魄力'是第一方面，'很好地掌握了用人之道'是第二方面，那么檀馨董事长的成功经验还有第三方面吗？"著者进而问道。

杨教授思索片刻后回答道："我认为还有一条十分重要，这一条也是许多人不太容易做到的，那就是'委曲求全、顾全大局'。在大学担任老师，与其他老师发生分歧、矛盾时，檀馨一方面要讲清事实、摆明自己的道理，另一方面，对非原则性问题或非重大问题，一般采取协商通融、退让一步的态度。在后来长期的工作中，在发生非重大原则性分歧时，一般都采取以事业的合作发展为最高利益，在小的利益上能够做到肚量大一点儿，能吃得起亏，能宽容。就这一条说起来似乎不难，但实际做起来却很不容易，许多人、许多企业家在实际工作中都很难做到，但檀馨却做到了。"

"看来，能在事业上取得巨大成功的人必有许多成功的原因与理由，而这些原因与理由许多都是来自成功者内部——自身的知识、才华、才能、才气、品德、思想、教养、胆量、气量，敬业、刻苦、认真、坚定，尊敬人、尊重人、善待人，这些内在综合素质，往往决定了一个人是否能承担大事、做成大事。檀馨成就了大事，在她身上就能找到综合素质中的优秀内容。"著者思考着说道。

"檀馨在创立了她的创新景观园林公司后，设计建设了一批重要的园林工程，如皇城根遗址公园、菖蒲河公园等，这些园林工程不但名扬全国，而且通过大量海外游客与国际友人的口碑，名气早已漂洋过海、传遍世界。"杨教授认真地说道。

"我时常途经皇城根遗址公园、菖蒲河公园、紫竹院公园，我一直感到非常美，却始终不知是哪位大师、高手设计的作品，今日真让我非常高兴，虽未见到这三处公园的设计高手，但能万幸地认识设计这些著名公园高手的老师，并从中了解了一些她的情况，这对于我已是十分知足了。"著者充满真情地说道。

"从您的语气与表情中可知，您对皇城根遗址公园、菖蒲河公园是真的十分喜欢，对我的学生也真的十分崇拜。实际上由于香山公园、紫竹院公园、陶然亭公园、皇城根遗址公园、菖蒲河公园取得巨大成功，檀馨已成了传奇人物，因此，我认为您很有必要去采访一下我的这位学生，不仅可以为她写有力度的报道，还可以考虑写书。檀馨自己也很想写一部书，将自己的人生经历、经验感悟都用书的形式记载下来，告知社会、传给后人。一个有成就的人，当他即将走完自己的一生，静下来，回忆往事、总结人生、著书立传，这实际上是一件对自己、对事业、对国家、对今人与后人非常重要、非常有意义的事情。您的文笔很好，写作能力也很强，您完全可以与她合作，帮助她完成这个凤愿。您若需要采访她、认识她，我可以为您搭桥。"杨教授真挚、热情地说道。

"那我就太感谢您了！我本来就有采访檀馨董事长的计划，现在可将这一计划落实了。"著者高兴地说道。

"那好，到时候我通知您。"杨教授笑着说着，心情显得十分愉快。

杨教授在送著者离开她家时特别强调地指出：

"檀馨的园林设计人生有一个最大的特点，也是一个在国内极其罕见的稀缺点、传奇点，她的前三十年是在国家的大学里担任教师、教授，在国家的园林局里担任园林设计师、副院长、总工程师，完全是国家体制内的知识分子和国家公务员、专家；而她内退后开始创办的创新景观园林设计公司又完全是民营企业，她在那里担任了三十年董事长、园林总设计师，不仅从事园林设计公司的领导与管理，同时还从事园林的总设计。两个三十年中，她在不同的经济体制下工作，担任着不同的角色。虽然角色完全不同，但完成的却是同一个使命：让中国大地上有更多美丽的园林、更多的青山绿水，给人民带来更多美好、快乐、幸福的生活。"

檀馨两个三十的年不同园林人生，深深地印刻在了著者的脑海中。

接下来，著者又采访了园林界第二位成功人士，北京市园林局前常务副局长，现任北京园林学会理事长张树林女士，她也是檀工的校友。

这是著者采访的第一位北京市园林系统的行政官员，这位张树林理事长温文儒雅、文质彬彬，谈话既有条理又有哲理。

张理事长对著者说道："我和檀馨是北京林业大学园林专业的校友，我高檀馨一届，比她大半岁，我们是属于同校、同专业的同龄人。檀馨现在获得了很大的成功，我认为这完全是与她良好的素质分不开的。

"在北京园林局工作时期，是我与檀馨接触时间最长、相互离得最近、了解最多的时期，当时我是主管技术的副局长，檀馨是主力园林设计师，她们的设计室在一个大办公室里，我的办公室离设计室并不远，我俩又是同校、同专业，因此经常有走动。

"在工作中我发现檀馨的第一个优势就是'手勤'。'手勤'包括她画园林设计图又好、又多、又快，在画园林设计图上是园林局的一把好手、快手，园林设计师能又好又快地画一手好图，这对于园林师能否成为一位优秀园林设计师，甚至是杰出园林设计师实在是太重要了。那时北京许多重要的园林设计图都出于檀馨之手，她对北京园林事业发展做出了很大的贡献。

"我发现檀馨的第二个优势就是'腿勤'。'腿勤'对于一位优秀园林设计师则更加重要。园林设计与建筑设计有很大的不同之处，建筑的砖头每块尺寸完全是死的，而园林中树木的种植、花卉的构图、山石的搭景、走廊的曲折、湖面的伸缩全是活的，因此园林设计师完成设计图后绝不是大功告成了。

"假山上的每一块山石怎样堆砌才能更突现出石艺术的品位与艺术性；不同的树木、花卉、草坪如何构架、搭配、栽种才能达到最高雅的美学境界；园林中的甬路怎样铺砌，才能与园林的环境、色彩、植物、雕塑相融洽，这些都是非常灵活的，是在施工中要根据现场实际效果随时进行应变的。

"为了要达到最佳效果，设计师就要亲临施工现场，根据实际效果随时修改自己的设计。檀馨在长期的园林设计中深刻地认识到了这一点，于是她长期坚持下工地，不管是寒冬，还是盛夏；也不管是骄阳当空，还是北风呼啸。她晴天一身汗，雨天两脚泥，与园林工地的工程师、园艺师、技术员、技术工人工作在一起，情感交触在一起，而这些真挚的付出，使檀馨设计的园林在建设完成后，都成了百姓喜爱、口碑极佳的优秀园林。"

张理事长思考片刻后继续说道："在'手勤''腿勤'之外，我在长期主持园林设计评选专业会议中，发现檀馨还有一个非常重要的优势：她善于归纳领导与专家、设计师对她所设计作品的表扬与认可部分。

"对领导与专家、设计师对她设计的作品未理解、未搞清、未弄懂的部分，她充分利用自己的表达能力，让与会领导、专家与设计师搞清、弄懂，并彻底理解。

"对于持反对态度的人，檀馨也能晓之以理、动之以情，以其科学道理、艺术理念、美学观点、历史传承、民俗民风、树木特点、花卉习性、环境特性、生态需求等来说明自己设计作品的思想内涵、人文诉求与社会功效，以此来说服持反对意见的人士。令我佩服与惊喜的是，在许多情况下，领导、专家与设计师常常都能被檀馨说服，从而改变自己的意见与态度。

"对于这一点，我现在想起来都仍然感到在檀馨身上似乎具备了一种神奇的超人力量，因为在知识分子成堆的机关、设计院，要让自己的设计理念、观念、思路、手法、风格被同行、领导所接受，同时还要让持不同观点的同行、领导收回或放弃自己的观点，这绝对不是一件容易之事。因为中国自古'文人相轻，同行是冤家'，这一情况在园林设计界同样也存在着，因此，檀馨能做到让同行不相轻，而是尊重，不成为冤家，而成为朋友，这实在非常令人敬佩。我将'手勤''腿勤'两个优势之外的这个第三种优势简称为'口才'，这一'口才'是建立在真诚与才华基础之上的。"

"您将檀馨走向成功的原因归纳为'手勤''腿勤'与'口才'三大主要要素，这是一位同专业、同龄校友做出的判断，更是一位局领导人做出的总结，应该说是十分准确的。"著者很认真地说道。

"我认为这个结论是非常正确的。"张理事长继续道，"我常常对园林局、设计院的年轻设计师们说，一位年过七旬的老人、妇女，能够长年坚持下工地、深入园林工程第一线，这是非常可贵、非常感人之举，许多年龄比她轻、体力比她好的男性设计师也很难做到这一点，因此一个人的成功必有成功的原因，'手勤''腿勤'加'口才'就是檀馨成功的根本，你们年轻人一定要认识到这一点，认真向檀馨学习。"

"现在檀馨董事长自己的公司已有了，这么多优秀的产生巨大影响力的园林公园也已设计建成了，各种荣誉她也都获得了，经济上也得到了丰硕的收获，可以说该有的她都有了，那么为什么她现在还要这样在全国各地奔走，马不停蹄地拼命工作?"著者问道。

"对于这一点，您未学园林专业，未从感情上进入这个专业就很难理解了。"张理事长继续道，"我和檀馨在大学里学习了园林专业，从此一生就喜爱上了园林，喜爱上了大自然的青山绿水、红花碧草，为了园林事业，我个人放弃了升迁到市政府担任更高一级行政职务的机会；为了园林事业，我现在还担任着北京园林学会理事长的职务。同样，檀馨也是为了她钟爱的园林事业，她很难停下自己前行的脚步。

"不久前我曾与檀馨一起出国，一路上我们将全部注意力都放在观察大自然、关注异国的山水园林风光之上，我们要尽量多看些、多学些，在心里多记些，回到国内可多做些。

"除了关注异国的山水园林风光，我和檀馨的其他时间就用在交谈之中，我们从来不谈自己的先生、儿女、儿媳与家庭琐事，我们的话题始终围绕着中国园林，围绕着中国园林的规划、设计、创新、发展、提高。中国园林存在的问题与不足，影响、制约发展的因素都是檀馨与我热议的话题，而更多的话题则集中在园林设计与年轻人的培养上。

"檀馨对我说，她已培养成功了一批能够独立设计、独立开展工作、独立带团队的骨干人才队伍，但随着公司的发展仅有一批骨干人才是远远不够的，为此，她现在已经开始培养一批更新、更年轻的骨干队伍。对于像檀馨这样的著名资深园林设计师，她现在想的更多的是培养、辅导、帮助更多的年轻园林设计师又好又快地成长，这既是为了自己公司，更是为了国家的园林发展。"

说到这儿，张理事长停顿了片刻后又继续道："檀馨在实践中发现一个现实问题，这个现实问题也是我长期担任园林局领导时常常遇到的。那就是从大学中毕业的学生，走上工作岗位后，单位还要对他们进行长达一两年的帮助、指导，许多工作中需要应用的实际知识与本领，需要掌握的技术与技巧，特别是实际操作动手能力，都要由用人单位承担起教育与培养的责任，没有一两年艰苦的磨炼，几乎不能胜任岗位的需要。对此，我们深有体会与感触。

"我们利用一些机会向母校提出过这方面的问题，但学校的回答是他们也很无奈，教育部在教学大纲中对基础课程设置得非常满，大学生实际最后投入到专业课学习与实践的时间非常有限，这便是造成现在年轻大学生走上工作岗位后尚不能独立胜任工作的重要原因。对此，檀馨采取的办法就是手把手真诚地教，一天天、一月月耐心地带，通过一件件实际园林工程的设计、施工，认真地传，仔细地帮，最后是放开手脚让年轻人大胆地练、勇敢地去实践。檀馨就是用这样的方法弥补了大学教育中，新毕业生的实际能力与工作岗位的实际需求间的差距。"

"看来，在中国办企业、开公司要想成功，无论是大企业，还是小公司，无论是国有还是非公有，承担起对人才的培养、培训，特别是对刚刚离开大学校门的年轻大学生的培养与培训都显得十分重要。"著者感慨地说道。

张理事长点点头："情况的确就是这样。"

"您刚才谈了檀馨董事长的许多优点，确实，一个事业成功的人身上一定具有许多优点，但世上人无完人，檀馨一定也有缺点或弱点，能谈一下吗？"著者问道。

张理事长再一次点点头，她思考了一会儿，缓缓说道："我确实很难找出她的缺点，若是有，只能算是弱点。年轻时她的个性很强，能干、不服输，这本来是件好事，但过强的个性有时也会在自己完全不知不觉中得罪人。随着檀馨年龄的增长，她在这方面逐步成熟起来，在她事业成功后，能以很高的姿态、很大的肚量、很宽广的胸襟，对待以前与她有分歧、与她有过节，甚至整过她的人，这实在是难能可贵的。在市场经济中闯荡了这些年后，不仅使她做事业十分成功，就连做人也更加全面、更加丰富、更加完美了。"

通过对杨赛丽教授与张树林理事长的采访，著者在脑海中已经勾勒出一幅檀馨董事长的初步形象：这是一位才华出众、手快腿勤、善于动脑的优秀园林设计师，是一位重视珍爱人才、关心年轻人成长的好前辈、好领导，更是一位有市场经济头脑、知人善任、勇于创新开拓、具有传奇色彩的好企业家。虽然当时已了解了檀馨的许多情况，但由于未曾当面采访、交谈，未曾见到真实的人，未听到原声原味的话语，因此，初步形成的形象仍然只能停留在表面，尚不够生动，更不能鲜活起来。俗话说"百闻不如一见""音容笑貌、情感交触""深入其境、真情实感"说的就是当面一见的重要性。

那段时间，著者越来越强烈地希望能够尽快见到并当面采访这位具有传奇色彩的檀馨董事长了。

但由于檀馨很忙，于是著者就利用采访她之前的时间，先采访了其他两位熟悉檀馨的校友，园林界的成功人士。

在著者采访中国城市建设研究院副院长、住房和城乡建设部专家组成员、中国风景园林学会常务理事、中国城市规划学会风景环境专业委员会副主任、教授级高级工程师王磐岩女士时，让著者感到十分意外的是王磐岩副院长对檀馨也非常熟悉。

由于熟悉，王磐岩副院长就很自然地谈起了檀馨："檀馨在创建了创新景观园林设计公司后，十分缺少我这样既懂园林专业、会园林设计，又懂企业经营、行政管理、市场开拓的复合型人才，为此，她真诚邀请我前去加盟她的公司，一起共同发展。我当时十分犹豫，一方面，我知道檀馨是一位有才能、有魄力、有远见、可信赖的人才，我加盟后一定会使她的公司如虎添翼，加快公司走向成功，因此加盟创新景观园林设计公司，对我来说是件很有前途的好事。而另一方面，我当时正担任着中国城市建设研究院副院长，肩负着整个研究院的市场管理、营销、扩展，以及整个研究院的行政管理，应该说责任与使命都十分重大。而我走上这个领导岗位也是经过许多前人、能人的精心帮助与培养，人要讲道德、重情谊，不能别人培养了你，在需要你时，不顾后果，扬长而去。再说，长期工作在中国城市建设研究院，我对那里的专业业务，对那里的领导、同事、部下，对在那里完成的每一项园林工程都建立了深厚的感情，我很难舍去我熟悉，我热爱，已将自己的才华、热情、真诚无私投入进去的研究院。虽然我非常清楚加盟檀馨的公司前程会很光明，我有很多理由与条件应该前去加盟，但留下来继续在中国城市建设研究院工作则理由更加充分、条件更加充足，因此我最终还是留了下来。"

"鱼和熊掌不可兼得，加盟檀馨董事长的公司是得到美味的鲜鱼，是美事；而继续留在研究院，则是享受珍贵的熊掌，也是美事。两件美事，二者不可兼顾，您只能忍痛割爱，选择一个。"著者说道。

"实际上不论我选择加盟檀馨的公司，还是继续留在研究院，两个选择都是正确的，在这一选择中，没有错误，只有正确。"王副院长看着著者的目光，又补充了一句，"您难道不这样认为吗？"

著者思考片刻后，迟疑地说道："我同意您两个选择都是正确的，在这一选择中绝对不存在错误，但我个人还是多少有一些想法，我感到您若加盟檀馨的公司，在社会地位基本相同的前提下，您的经济收入会高于目前，虽然您现在的经济收入已很不错。这是您两个同样正确选择中唯一存在的差别。"

"您说得很对，对于这点我也想到了，但我仍然感到我目前在经济上已很好了。我活得很充实、很愉快。"王副院长爽朗地笑着说道。

"您认为檀馨董事长从总体上看是怎样一个人？"著者问道。

王副院长想了想认真地回答道："我认为她是一个非常聪明、非常勤快、非常能干的人；是能将问题看得比较远、具有前瞻性的人；是能透过各种表象，准确判断、及时抓住机遇、机会的人；是待人接物、处理人际关系、处理人与人矛盾恰到好处的人；是能将各种有利因素、有利条件、有利人才调动到最需要的时间、场合，发挥最好功效、取得最佳成果的人；是一位真诚待人、信守承诺、尊重人才、关心朋友的人。她在人生许多次关键时刻都能很好地抓住机会，并用自己的才华与能力、勤奋与诚信紧紧地把握住机会，很少让机会从自己手中轻易失去，能做到这一点是十分不容易的。正是做到了这一点，在她身上才具有了传奇的色彩，也正是这一点让我印象最深、也最让我佩服。"

著者在采访了王磐岩副院长后，感到对檀馨的了解已经很丰富、丰满了，但让著者未曾想到，更加惊喜的是，在不久后采访北京山水心源景观设计院总设计师、副院长，加拿大风景园林师协会会员、温哥华学校局园林课程导师、中国人民大学徐悲鸿艺术学院客座教授、清华大学房地产 EMBA 课程客座教授、高级风景设计师夏成钢先生时，夏总所讲述的檀馨，使著者对檀馨的认识更加完整、更加全面了。

夏总开门见山地对著者说道："我曾在北京古建设计研究院设计室工作过多年，檀馨是研究室主任，我的直接领导。我这个人能有今天的业绩与成功，与幸运之神对我独有情衷是分不开的。在北京林大读书时，遇上了孟兆祯这位国家顶级的园林设计专业教授，而走上园林设计岗位又遇上了檀馨这样一位高层次、高水平、高品位，爱才、惜才的好领导。您知道檀馨最让我尊敬与感动的是什么吗?"

著者回答道："亲力亲为、高度敬业。"

夏总高兴地笑道："非常正确。我最佩服她不管风霜雨雪，常年下工地，实地调查分析，实地研究探索，实地解决问题。一位女同志不怕累、不顾脏、不畏苦、不惜力，让人从内心深处涌动出真心的感动。檀馨在我心中是让我真正尊重的好领导，让我敬佩的好师姐，让我喜爱的好设计师。"

著者被夏总真挚的激情深深打动，不由得感慨道："一个人能在另一个人的心中深深刻下如此真切、真实、美好的记忆，这实在太可贵、太让人感动了。"

此时夏总对著者动情地说道："您采访了这么多名人，写了这么多人物，您有一支高水平的笔杆子，因此我真心希望您能帮帮檀馨，她很想将自己的人生、自己的奋斗、自己的业绩与成就写出来。我也认为她在功成名就时，停下来回眸自己所走过的园林设计人生，实在是太有必要，也太重要了。"

著者也动情地说道："这个世界说大，确实很大，但这个世界说小，又确实很小。您放心，不要说我已经初步了解和认识了檀馨，就算不认识，看在您今天的一片真心真情上，我也一定会与檀馨合作完成一部展现她园林设计师一生坎坷与艰辛、奋进与成功、辉煌与传奇的书，您完全可以放心。"

时空从之前对四位檀馨校友的采访，转回到此时此刻正在对檀馨的采访。

著者真诚地对檀馨说道："杨赉丽、张树林、王磐岩、夏成钢，这四位从事中国园林事业工作，并为之做出贡献的教授、官员、领导与企业家，都是您北林大的校友，第一位是年长您六岁的您的好老师、好教授、好伯乐、难能可贵的优秀引路人；第二位是只比您大半岁的同龄人、园林局副局长，事业上的好领导、好帮手、好朋友；第三位是比您小二十多岁的校友，研究院副院长、园林专业的好师妹；第四位是一位尊敬、佩服您的老部下，一位在园林设计上有自己特色的民营企业家。四位园林专业的校友，在我面前以不同的年龄段、不同的人生经历、不同的层面与角度，非常自然地谈出了各自对您的认知与评价，可以说这个认知与评价是非常真实而又可靠的。四位您的北林大校友已将一个真实、可信、可亲的檀馨展示在我的面前。您有崇敬您、尊敬您、喜爱您的师长、领导、同事、部下；有这么多欢迎您、支持您将自己的园林设计人生写出来的朋友；您赶上了国家发展、民族兴旺、百姓和谐的盛世。盛世兴园，您的人生、您的业绩、您的坎坷、您的经验、您的感悟，对中国盛世兴园是一笔有益的、弥足珍贵的财富。因此我愿协助您，竭尽全力帮助您完成这部书，这是您的师长、领导、同事、部下、朋友的期盼，也是中国园林行业的需要，更是提升中国园林事业历史发展的需要。

对檀馨的采访连续进行了几天，采访结束后，著者告别檀馨，离开檀馨的家。几天的采访让著者深为感动，许多感人的、传奇的内容在著者心中汹涌澎湃，在脑中回荡奔腾，特别是夜深人静时让我难以入睡，采访中一件件真实的事情如同打开闸门的激流狂泻而出，挡不住、挥不去，于是我拿起笔，开始了这部书的写作。

第一部

前三十年国有体制下的

园林人生创造了辉煌

第一章

书香门第

檀馨的祖父檀玑是安徽安庆市望江县新坝乡人。因此，她的根就在那里。那里有檀馨永生不能忘怀的家乡热土，有她的父老乡亲。

不管现在生活、工作在何处，檀馨身上永远留存着安徽人的特征与性格。她的血脉中更是流淌着檀氏先人的聪慧、好学、勤奋与向上的志向与精神。

安庆望江县位于安徽省西南部，地处皖、鄂、赣三省交界处，是长江下游北岸著名的历史文化古城，东晋时期诗人郭璞说"此地为宜城"，故别称"宜城"。到了南宋的绍兴年间此地驻轧了安庆军，因此开始被称为"安庆"。

安庆由于地理位置十分重要，因此有"万里长江此封喉，吴楚分疆第一州"的赞誉。紧临长江，又与三省近邻，且是水陆交通枢纽之地，因此安庆与外界沟通顺畅、交流方便，经济、文化、教育、科技等都发展较快，成为长江流域的一个工商业重镇。

安庆并不大，但它在中国近代发展中许多方面均走在了前列：19世纪中叶在安庆制造出中国第一台蒸汽机、第一艘机动船和第一部电话机。创建的新型学校"求是学堂"，创办的正规大学"安徽大学"，开办的大型图书馆等都走在中国的最前列。还有电报、电灯和自来水的使用也是走在了中国的前列。在中国历史上能居如此众多的前列，实属难能可贵。

长期以来，"文化之都"与"戏剧之乡"的美称是与安庆难解难分、如影相随的。徽剧与黄梅戏就是在这片土地上发祥、发展起来的。闻名世界的中国京剧，它的前身之一就是安徽的徽剧。而黄梅戏早已成为中国家喻户晓的著名戏剧艺术，是全国性的一个大剧种。安徽百姓喜闻乐见的民间艺术花鼓灯更是被西方人称之为"东方之芭蕾"。安庆是一个山清水秀、地灵人杰的好地方。地灵，必是山好、水好、空气清新、土地富饶。安庆境内遍布名川秀水、古迹名胜。天柱山、花亭湖、大龙山、小孤山、浮山、白崖寨、鹞落坪、妙道山、薛家岗等数十处名山秀湖是国家级风景名胜区、国家自然保护区、国家森林公园、国家地质公园或国家文物保护单位。庐山、黄山、九华山等世界著名风景区也与这些景区遥相呼应、互为衬托、相得益彰。

地灵，使安庆成了中国佛教禅宗的故乡。安庆市的司空山，因周朝时有位官居司空之位的淳于氏隐居在此而得名。佛教禅宗六大祖庭，有两个祖庭位于安徽，其中一个位于安庆司空山，另一个位于安庆天柱山。

地灵，才能诞生人杰。中国文学史上著名的散文流派"桐城派"统治文坛长达两百余年。新文化运动先驱与中国共产党早期创始人之一的陈独秀；中国佛教协会会长、中国佛学院院长、中国宗教和平委员会主席、中国书法家协会副主席、佛学书法大师赵朴初；京剧鼻祖程长庚；一生写作十多部章回小说并以《啼笑因缘》闻名于世的作家张恨水；黄梅戏表演艺术家严凤英；在《一江春水向东流》等众多影片中对中国影坛产生重大影响的著名影星舒绣文，都诞生在这片热土上。除了文学艺术上的著名人物外，在科学技术上，中国杰出的"两弹一星"元勋、功臣邓稼先也是这块"灵地"上的"人杰"。

地灵，不仅人才辈出，英雄豪杰也顶天立地在这片土地上。中国历史上震撼世界的太平天国运动中最惨烈的安庆保卫战，辛亥革命中的徐锡麟起义，熊成基的炮营起义，这些都是发生在安徽安庆。安庆的"德宽路"是为纪念辛亥革命的烈士石德宽而由民国政府名命的。石德宽 1903 年考入安庆武备练军学堂，后参加安徽新军，并加入同盟会。广州起义时，他放弃在日本留学的机会，特地赶回国内参加起义。被捕后，他宁死不屈、凛然就义。他与其他两位一起牺牲的安徽烈士，都安葬于广州黄花岗七十二烈士陵园中。

这些惊天地泣鬼神，可歌可泣的历史史实，这些震撼人心的义事壮举，千秋流传、万世颂扬。他们是安庆的光荣，更是中华民族的骄傲。

檀馨的祖父檀玑生于 1851 年，这一年正是清朝咸丰皇帝登基之年，其父亲出生在一个官宦世家。他自幼智力过人，聪颖好学。在读书时他思维敏捷，名诗名赋诵读流畅、朗朗上口；名篇名句熟记于心、背诵自如。聪慧博识，使檀玑作诗撰文，思如潮涌、情似水流。父母家人、左邻右舍、乡亲乡里，人见人喜，人见人夸。

檀玑十二岁这年，家人就将他送至蓬莱山庄（现今的杨林乡），在李灼然家的私塾读书。李灼然私塾在当地很有名气，自古名师出高徒，在李灼然私塾苦读三年后，檀玑与其兄长檀球在朝廷的功名考试中，双双同列优等，考取了秀才。这一年檀玑只有十五岁。

从檀玑与其兄长檀球的诗文中，人们看出了他俩广博丰富的知识、深厚扎实的诗文功底、深刻精辟的思想意境、活跃敏锐的思绪文路，以及超凡过人的睿智才思。千古历史，佳文好诗绝句难得，才思汹涌的人杰更难寻，因此，檀玑与其兄长檀球两人的佳文好诗很快在安庆一带流传开来，文人墨客对其赏之，官府名门对其赞之，百姓乡亲对其夸之，父母亲人对其喜之。人们惊喜赞叹、奔走相告、口口相传；人们喜之爱之、敬之叹之，将他俩称之为"大小苏"。人们为何要将檀玑、檀球美誉为"大小苏"？"大小苏"究竟是何许人？在此我做个简单的陈述。

"大小苏"指的是宋代著名文学家苏洵的两个儿子苏轼与苏辙。由于苏洵、苏轼、苏辙父子三人在中国的文坛、诗词、绘画等方面都具有天赋奇才，作品影响力巨大，因此被世人称做"三苏"。而"三苏"又在由韩愈、柳宗元、欧阳修、苏轼、苏洵、苏辙、王安石、曾巩八人组成的"唐宋八大家"中占了三人，曾有"一门父子三词客，千古文章四大家"的传颂。

不仅"三苏"名声显赫，由于哥哥苏轼与弟弟苏辙的天赋、才华、诗作更是超越了其父苏洵，因此大哥苏轼与小弟苏辙又被世人美称之"大小苏"，名扬天下、世代相传。

安庆人将檀玑、檀球美誉为"大小苏"，可见两人的学识、才气与文采有多么出类拔萃、不同凡响。

同治九年，也就是1870年春天，安徽巡抚英果敏考察敬敷院各位学子，无意之中阅览了檀玑所写的文章。巡抚英果敏为能见到如此气势宏大、豪放洒脱、笔锋犀利、情似流水的好文而惊喜万分。于是，巡抚英果敏如获珍宝，将檀玑招入管府中继续深造攻读。为了帮助檀玑专心攻读，英果敏在经济与日常生活上，给予檀玑很大的帮助，在学识上认真予以指点、引导，在人格与地位上以上宾的礼遇相待。就这样，在巡抚英果敏的慷慨资助与悉心教诲下，檀玑在同治十二年经省级会考，考中为举人。第二年，同治十三年进京赶考，由皇帝在大殿上亲自监考，檀玑金榜题名，考取二甲第三名进士，职位为"庶吉士"。所谓"庶吉士"，就是在新科进士中再进行选拔，并以《尚书·立政》篇中所说的

"庶常吉士"之简称作为职位的称谓。

檀玑于光绪二年，也就是 1876 年，担任了皇家翰林院编修。翰林院是封建时代皇帝的秘书机构，翰林则相当于现在国家领导人的高级秘书。翰林院更重要的职责是为皇室和国家培养治国、参政、理事的高级人才。而翰林院编修主要是以皇帝名义起草各种诰敕，同时参加史书纂修与经筵侍讲，这实际上是直接参与、了解、熟悉了国家的政务与军机大事，这对贡献自己的才华学识，为朝廷国家献计献策提供了绝好的机会，也为日后当官、造福一方百姓打好了基础。

檀玑在翰林院供职期间，经常与陆凤石、谭叔裕等二十多位栋梁之材、饱学之士团聚汇集在北京芸馆。这些志同道合、满腹学识的知己，由才气过人的檀玑引领，大家一起焚香披卷、谈文品诗、题词作画，吟诵诗集《击钵吟》。文人墨客们采用高雅的"流觞曲水"的方式轮流饮酒吟诗——他们将盛满酒的酒杯置于流水的上方，让酒杯顺水流淌，酒杯至于哪位近旁，就由哪位饮酒吟诗。由于檀玑汇聚文人才子的吟诵，使《击钵吟》中的诗篇在京城上流社会的流芳传颂成为一种风气。

皇帝近旁的一群风华正茂的举人进士、国家栋梁，他们的聚会一时间成为京城的一景，美名远扬、传为佳话。

光绪八年夏间，大雨倾盆，山洪暴发，江水泛滥，各州县圩堤被冲垮，田地一片汪洋，百姓遭受了严重的水灾。当檀玑看到农田被淹、庄稼绝收、灾民遍野，百姓饥寒交迫、衣衫褴褛、民不聊生时，他痛心疾首、心如刀绞。于是他终日游说于官府权贵之间，奔走在省市乡县富商豪绅之中，向他们陈述灾情，告知灾民的境遇，获得他们赈灾的行动与捐赠的义举。檀玑还用各方的捐赠帮助灾民度过荒年、恢复农耕、重建家园。檀玑的一片真心、诚心与爱心，流传于民间，成为佳话美谈。

光绪八年，檀玑在山东主持监考典试，为国家选拔了陈传弼等七十二位栋梁之材。光绪十一年，檀玑又在粤西主持监考典试，再为国家选拔了刘明华等五十一位栋梁之材。光绪十五年檀玑第三次前往甘肃陇西主持监考典试，行至半途中，突获父亲去世噩耗，立刻转回家中，料理后事并为父亲守陵。

在家守陵三年后，檀玑于光绪十八年奉旨入京，先后担任了国史馆、功臣馆、会典馆的纂修、总纂、总校官。光绪二十五年六月又升国子监司业，十一月再升司经局洗马。就在这一年，《会典全书》终于修纂完毕，大功告成。光绪皇帝十分欣喜赞许，于是赏赐檀玑二品官衔。在清朝官位制中，二品已是很高层次的官员了。

光绪二十六年，八国联军攻入北京，檀玑随驾光绪皇帝与东、西两位太后西行后，于光绪二十七年升任了翰林院侍讲学士。这一职位就是皇帝主政治国的顾问。

檀玑在北京为官三十多年，为国家选拔招募了一大批栋梁人才，这些国之栋梁，散布在文武百官之中，都在为国家效力。檀玑曾为自己书写了一副堂联："天下翰林皆后辈，朝中宰相半门生。"这是祖父一生培养人才、纂写史书、效力国家的真实概述与写照。

古往今来，在中国历史上，有才华学识、清正为国、正直为民，能为百姓讲真话、做实事、办好事的官员，往往要遭到庸官、昏官、赃官、贪官的陷害、排挤与打压，这样的实例成千上万，举不胜举。檀玑也未幸免，他遭到两位官员参奏，被罢官。了解檀玑为人与才华的同僚们都深感十分惋惜，但檀玑他本人却十分坦然，为国家已尽心尽力了三十多年，对得起国家百姓，退隐下来又有何妨。

檀玑隐退后，自称是"蜷道人"。他与二三位知己好友，要么一起信步于街市小巷之中，要么在茶馆酒楼听歌赏曲，尽兴而归，要么赋诗作画、研解道经，从此绝口不谈不议、不论不评国事政纲。"天下兴亡、匹夫有责"，如此有才学、有见识的人物也不敢再言国事，一个国家还有什么希望与前途？果不其然，1911年孙中山先生领导的辛亥革命推翻了清王朝的封建统治。

中华民国之初，檀玑的人品、才华、学识，以及他对中国历史的博学，特别是对清朝皇室、官府、政治、经济、军事的熟知，都深得民国政府赞许。为此，民国政府重用他，并让他出任国史馆编修。

民国十一年春天，檀玑曾给家中寄来一封家信。他在信中写道：到了今年春夏相交之时，我准备返回家乡。回家后要把自己有生之年的余力，用在协助家乡的县志、檀家的家谱的编纂上。"告老还乡，修志立传"这是檀玑一生中的最后一个心愿。但让人非常惋惜的是，就在写完这封家信后不久，在这年五月，檀玑尚未踏上回家乡之路，便在京城中与世长辞。他要用一生的才学、经验来编纂县志、家谱的心愿最终未能实现，这是檀玑的憾事，也是家乡人的憾事。

每当后代历史学家研究历史时，常常会感叹某段历史、某些史实的缺失，而这些损失将是永远无法弥补的。造成这种情况的原因是多方面的：有的是没有人想到要写，有的是有人但不想写，有的是害怕不敢写，有的是想写却不会写，还有的是时间来不及写。檀玑属于生命没有给他足够的时间，他想写、敢写、会写，却已来不及写。

檀玑的学识、才气，得到社会各界的赞誉好评。在《随园诗话》中，曾有评论家对檀玑点评的《吟炭》诗篇给予了高度赞赏，认为这是一篇难得的佳作。诗中有一联写道："一缕黑时犹有骨，十分红处便成灰。"这句诗是对炭的一种真实描述，当木材被烧成黑炭时，黑炭有着一身傲骨，但当黑炭被烧到一片火红时，它将自己的热与光献给了社会、人类，而它自己却从此变得一无所有，只剩下了一小堆白色的灰。这句诗联难道不正是檀玑对自己人生的概括与写照吗？

在檀玑晚年回到家乡时，当他看到家乡美丽清秀的山岗河流，触摸到湖畔塘旁鲜嫩的芦苇水草，欣赏到鱼翔浅底、游走穿梭的美景，望见天上列队远行的大雁候鸟，呼吸到家乡清新醉人的空气，感受到家乡皓月当空夜色的宁静，听到家乡亲切熟悉的乡土乡音，闻到乡亲邻里乡野饭菜的清香，他感到这里就是生他养他的故土，是他魂牵梦绕、千百次在心中呼唤的可爱的家乡，于是，他热血沸腾、激情澎湃、思如潮涌，一首七律诗赋，伴着真心、真情倾泻而出：

平沙漠漠暮烟苍，

城郭人家入渺茫。

两岸萦回环吉水，

九江澎湃束华阳。

寒罾枯柳鱼衔月，

短棹枯芦雁叫霜。

却忆南征采兰芷，

满篷凉月渡潇湘。

檀玑用五十六个字，将家乡山水之美、百姓生活的平静和谐，描述得生动而鲜活，让人读来，大有深入其境、同赏同悦之感。这就是檀馨的祖父——被当代人与后人评价为"学识渊博，才气纵横"的檀玑。

在袁世凯开历史倒车，窃取孙中山辛亥革命成果，自称皇帝的危急时刻，云南都督蔡锷将军领导发起了护国讨袁的起义，在危难关头力挽狂澜，捍卫孙中山辛亥革命的胜利成果，阻止了中国历史倒退回封建社会，其千秋功勋，将永载史册。而中国一代名妓小凤仙为协助蔡锷将军护国讨袁的起义，不仅在历史上做出了贡献，她还与蔡锷将军留下了一段经久流传、脍炙人口、唯美浪漫的爱情故事。

当蔡锷将军英年早逝时，小凤仙为其献送了挽联。挽联上书写着千古名句：

> 不信周郎真短命，
>
> 方知李靖是英雄。

世人都认为诗句出自小凤仙之手，而实际上真正书写此副挽联的正是檀玑。

周瑜是三国时英年早逝的英雄，而李靖则是唐初杰出将领、军事家，也是一代英雄。挽联将蔡锷将军与两位中国历史上的英雄齐名，将对蔡锷将军的崇敬、仰慕与怀念之情表达得淋漓尽致、恰到好处。这副挽联与蔡锷将军的丰功伟绩一起将永远留存在中国历史上。

檀玑在临终前，为自己撰写了一副挽联，这也是他人生的最后一副挽联：

> 读孔孟书，
>
> 未能阐明千百分之一；
>
> 学彭术，
>
> 不幸夭亡七二岁有零。

从这副送给自己的挽联中，世人可以看到，檀玑十分舍不得离开人世间，他感到自己虽然一生都在读孔孟之书，学做孔孟那样知书达理、以天下为先、国家为大的事，但仍然感到自己还有许多事情没来得及做，还有许多事情未弄清搞明。他对自己七十二岁去世深感遗憾，对自己的离去认为是一种不幸的夭亡。因为他还要编纂县志、家谱，还有许多事情尚未做完。他原本还要将自己的学识、才华与丰富的人生经历书写下来，留传给历史与后人。

檀玑是带着遗憾离去的，但历史证明，他完全无须任何遗憾，因为他一生光明磊落、成就显著：

他多次主持监考典试，为国家选拔了大批国之栋梁；

他编纂的志书留存在浩瀚的中国历史史册中，千古不朽；

他为官清正、体贴百姓、救民众于水火之中，深得民意、人心；

他满腹学识、才气冲天，他的《菉竹斋诗集》《鄂游草》《击钵吟》《史记杂咏》等十多部著作，广为流传、深受好评。

有如此众多的业绩成就，檀玑完全可以心安理得地安息在九泉之下，静心在天堂之中了。

祖父虽然已远离檀馨而去，但檀馨感到在她的血脉中，在她的智慧里，在她的品德道德上，有许许多多优秀的东西正是来自祖父那里。

是祖父给了檀馨聪慧与睿智，让檀馨能进入北京的一流重点中学学习，考上自己喜爱的园林大学与园林专业；

是祖父一生的诗篇名作给了檀馨启迪，让她能在园林策划、创意、构思与设计中才思敏捷、浮想联翩、妙笔生花；

是祖父以自己的模范榜样影响了檀馨，让她做事认真严谨、一丝不苟、身先士卒、亲身亲历；

是祖父以自己一生的光明磊落影响了檀馨，让她直面社会，做一个正气大气、严于律己、宽厚待人的人；

是祖父在百姓受困于水灾时，为民请愿、奔走呼号的真情爱心感染了檀馨，使她能关心弱者、解困于民。

今天，家乡的父老乡亲、地方领导仍然不忘檀玑的功绩，也看到了檀玑后人檀馨的成就。家乡人民请檀馨回乡探亲、考察，家乡人民希望檀馨给这片土地、给这里的山山水水、给这里的百姓带来更大的荣誉和更大的富足、繁荣与发展。

檀馨时常也在考虑，在适当的时候要为家乡的父老乡亲们做一些自己能做之事，以此告慰自己祖父檀玑大人，以及最亲近的父亲与母亲。

檀馨的父亲虽然没有像祖父那样学识渊博、才气过人，并成就了一番大业，但父亲是一个老实本分的人，他守住了这份家业，保持了一家人体面的生活，并将檀家后代抚养长大、培养成才，尽到了一家之主的本分，也尽到了一位好父亲的责任。应该说檀馨的父亲是一位称职的好父亲。

由于檀馨出生在官宦世家、书香门第，因此家中的各类书籍很多。能看到许多书，打开她的视野，增长她的知识，这对她的成长起到了重要作用。每当檀馨对书中的事情不懂、不明白、不理解时，父亲都能成为优秀的老师，认真、耐心、细致地对她进行敦敦教导。书香门第的家庭教育确实对檀馨的成长形成了正面的、十分有益的重要影响。

檀馨对母亲的思念之情是永远无法淡化与逝去的。母亲出生在一个书香门第，她是一位贤惠、端庄的淑女，人十分聪慧，不仅非常喜欢读书，还能画得一手好画。

檀馨小时候最快乐、最幸福的时刻就是依偎在母亲身旁，看她提笔蘸墨、下笔作画。母亲会画山水、画湖泊、画绿树红花。每一次母亲作画时都是那样的认真、那样的投入、那样的充满自信。而檀馨每一次看母亲作画都会从心底涌起一股对她的崇敬之情。母女俩在书画中达意，在相依中传情，彼时彼刻，一张画、一支笔，两颗相贴的心，构成了人世间最美丽、最和谐、最温馨的一幅画卷。这幅人生最美的画卷永远定格在檀馨的回忆之中。每每想起这幅画卷，檀馨的心就会十分温暖，心情就会十分激动。她真希望还能回到那幅画卷中与母亲重逢，但她清楚这样相依相伴的重逢，只能存在自己的梦中与记忆里了。

　　檀馨的母亲不仅画得一手好画，还很有天赋与才气，非常可惜的是她生活在"女子无才便是德"的年代，她也没有机会像北京、上海早期极少数女性那样，能够接受正规的西方文化教育，因此她的聪慧、才华被埋没了。

　　可以说，檀馨的许多绘画才能正是从母亲那里耳濡目染而来的，与母亲对她幼年时的开导、启蒙与影响是分不开的。母亲是檀馨人生第一位最好的启蒙老师。

　　檀馨今天在进行园林策划、设计时能画出一手令同行、专家赞誉的好画，与她小时候受母亲的体贴教诲与言传身教是直接相关的。是母亲在她幼小的心灵中播种下对绘画的喜爱，是母亲将她在绘画上的才气传承到她的事业中，也是母亲将善良做人、贤惠持家的品德遗传给了她。

　　檀馨有时会想，自己的母亲若是能赶上今天的好时代，若从小到大母亲能接受自己这样全面、系统的教育，那么母亲的才华、能力、业绩或许还会超越自己。为此，她常为母亲这一代人深深地感到惋惜，也非常庆幸自己能够赶上今天的好时代。

　　檀馨生长生活在一个好时代，这使她从小就显露出绘画的才华。檀馨第一张绘画崭露头脚是在北京绒线胡同小学上二年级的时候。这是一所教育有方、管理严格的小学，离天安门、西长安街不远。檀馨小时候很喜欢上美术课，有一次她在老师指导下，在图画纸上画了香蕉，又画了倭瓜。她不仅将香蕉、倭瓜外形画得很逼真，最重要的是将香蕉与倭瓜的色彩上色得非常真实、艳丽、好看。美术老师对她的画作非常赞赏，不仅在课上当着全体同学的面公开进行了表扬，还将她的画作贴在墙上作为榜样进行展示，并让同学们都来参观、学习。

　　每一个孩子在她幼小的心灵中，都会潜藏着与生俱来的强烈的荣誉感与自豪感。没有一个孩子不渴望得到老师的表扬，特别是当着全班同学的当众表扬。老师对幼小的低年级学生的公开表扬，会对孩子的心灵产生巨大的激励作用。对于这一点，是完全符合现代教育心理学研究成果的。

檀馨作为一名九岁的孩子，其心态自然与其他孩子也是完全一样的。这一次当老师将她的画作贴在了墙上，当老师在班上表扬了她时，檀馨第一次感受到了获得荣誉后的幸福，第一次品尝了被同学们赞誉的喜悦，第一次懂得了要想得到荣誉、赞誉，自己就一定要努力学习。

这一次经历，使檀馨从那时起对绘画更加喜爱，兴趣也越加浓厚。可以说小学的这一次经历，对檀馨后来加强对绘画的系统学习，甚至对日后报考林业大学、选择园林设计专业都起到了潜移默化的重要作用。这就是老师的重要作用，檀馨感谢这位在她绘画道路上给予她第一次荣誉与鼓励的好老师。

进入初中后，老师很快就发现了檀馨的绘画才华，因此由她承担起黑板报的绘画任务。一般学校的黑板报都是用彩色粉笔直接画的。用彩色粉笔画比较方便省事，但有一个最大的缺点就是画面的色彩不够真实、鲜艳。于是檀馨采用水粉色彩来精心调配颜色，同时对每一期画报进行认真构思，从板面总体布局、图画文章的配置、花边的选择、题头花的确定，直到色彩的搭配，檀馨都要认真思考、反复推敲，用她的才华、真心与真情将每一期黑板报办好，办出水平。功夫不负有心人，檀馨设计绘画的每一期黑板报，都受到了师生的欢迎与好评。

老师见檀馨很有美术天赋，并且对美术十分喜爱，于是就推荐她去了少年宫美工组。而在当时课余时间能进入少年宫学习，机会是十分难得的。少年宫位于北海公园后门，而檀馨家在宣武门，两地相距有十多站公交路程。

十多站公交路程，现在的中学生要么会选择乘公交车，要么会骑自行车，更有一些父母会用私家轿车相送。然而，檀馨那时虽然十分瘦小，但对每次步行十多站公交路程前往少年宫，并未感到是多大的负担，也未感到很苦，哪怕是风霜雨雪的坏天气，她背着书包一路走去都会兴高采烈。

檀馨当时为什么能如此乐观地长期坚持步行前往少年宫呢？现在她回想起来原因很简单：首先她从心里喜爱绘画，每次前去都是要去做自己最喜爱的事情，人若自愿要去做自己喜爱之事自然就不会感到苦和累。另外，二十世纪五十年代的中学生的物质生活条件与现代中学生有很大差别，城市公交车也没有现在这样四通八达。

檀馨每次往返于少年宫，都要步行二十多站公交汽车路程，这也为她从小喜欢走路、能够多走路养成了一个良好的习惯。这一好习惯对她后来在进行园林规划、策划、设计前的现场考察、调研，对她在园林施工过程中深入工地现场、迈开双脚、翻山越岭、过河穿林打下了良好的基础，让她受益终生。

而檀馨在少年宫接受的最基本的正规美术训练，更为她日后在北京林业大学美术课上的深入、系统学习打下了坚实的基础。在少年宫的美术学习在檀馨人生道路上是值得回味、值得纪念的一个重要阶段。她不会忘记那些教她绘画基本功并将她引入绘画艺术世界的最初的老师，也不会忘记行走往返于家与少年宫之间道路上的辛苦却很幸福的少年岁月。

老师再一次在檀馨的人生中起到了重要的作用。这里有发现檀馨的才华让她承担画黑板报任务，并将她推荐到少年宫美术组的老师，也有在少年宫从零开始教会她绘画基本功的老师。这些可敬、可亲、可爱的老师都在檀馨的心中留下的深刻的印象，也为她今后尽心培养人才树立了榜样。

高中时檀馨就读于北京女一中。这是一座在北京具有光荣传统的著名重点中学,从这所中学中走出了一大批国家的重要人才,她们在各行各业中都为国家做出了突出的贡献。

在女一中上学时,檀馨的学习不错,特别是她的体育更是非常优秀。檀馨虽然身材不高,体格也并不强壮,但她的身体素质、体质却很好,再加上身体十分小巧灵活,因此,老师根据她的特长,选她参加了校体操队。在体操队檀馨如鱼得水,各种体操锻炼与活动,不仅锻炼了她的肌肉、健美了体型、增强了体能,还极大地提高了她的柔韧性与灵巧性。这些都为她拥有一个健康的、具有韧性、经得起折腾的好身体打下了基础。正是因为有了这样一个好身体,她后来才能经得住不分春夏秋冬、走南闯北、全国各地的出差奔走,夜以继日的创意策划与连夜挑灯的构思绘图,长时间的谈判竞标与废寝忘食地对公司的管理。为此,檀馨深刻认识到:没有少年、青年时期打下的好身体,也就不会有她今天事业上的成功。

在檀馨高中阶段,国家正在全国大学、中学中开展实施"劳卫制"。今天的年轻人并不懂得什么叫"劳卫制"。中华人民共和国成立后,为改变中国"东亚病夫"的不良国际形象,党和国家确立了重视国民体质健康的指导思想。由于当时与苏联的关系十分紧密,于是我国就将苏联的"准备劳动与保卫祖国体育制度"移植到了国内。其目的是在全国大、中学生中开展加强耐力、体能、速度与韧性的体育教学与锻炼,培养与造就在和平时期能胜任劳动、建设祖国,战争时期能承受重担、保卫祖国的青年一代。

檀馨在进行"劳卫制"考核时,她的跳高、跳远成绩都很优秀,但长跑成绩总是提高不上去,虽然她下功夫进行了锻炼,但几次考核还是未能过关。这时，檀馨突然想到自己的滑冰很不错，于是经她提出，学校同意，就以滑冰代替了长跑，结果考核一次通过，取得了很大成功。

为此，檀馨通过了"劳卫制"全面测试，获得了国家颁发的"劳卫制"金质奖状与"劳卫制"证书。当檀馨欣赏着"劳卫制"金质奖状与"劳卫制"证书时，证书上的一句充满爱国激情的话语使她深受鼓舞："努力锻炼身体，使自己成为优秀的祖国保卫者和社会主义建设者!"檀馨确确实实遵照祖国对这一代年轻人的期望与要求，努力地锻炼了身体，她这一代人未赶上战争，未能上战场去成为一名优秀的战士，但她实实在在在建设国家中做出了突出的贡献，成了一位优秀的祖国建设者。檀馨可以无愧地说，她忠实履行了"劳卫制"证书上所书写的对祖国神圣的诺言。

以北京女一中的教学水平，檀馨在考大学时还是很有把握的。檀馨当时想到了要考中国著名的几所大学，因为自己的中文与数学、物理、化学、生物都学得很扎实，报考名牌大学理工科还是很有实力的，但她同时又特别喜欢美术绘画。因此，此时她面临着是报考美术院校还是理工大学的重要选择。

就在檀馨步入人生十字路口时，哥哥对她说：女孩子学美术有几个能成了画家的？你一定要以美术为基础，再学一门其他专业的自然科学。你不是很喜欢大自然，很喜欢旅游吗？那好，我看北京林业大学的园林专业就很好，很适合你。你既可以发挥、施展自己的美术才华，还能学到许多新的美术知识与技巧，特别是你高中的中文、数学、物理、化学与生物知识也都可以用上，真正可以做到一举而多得。哥哥还对她说，他自己以前不了解这个专业，非常后悔未能选择报考这个专业，他的遗憾只有让妹妹来补上了。

檀馨仔细考虑了哥哥的话，感到哥哥说得很有道理，于是她最终听从了哥哥的话，果断地选择报考了北京林业大学，并于 1957 年考入了北京林大的城市居民绿化专业，这个专业就是今天园林专业的前身。

一些大学生踏进大学校门后，几星期或一、二个月后，他们就发现自己选错了学校或是选错了专业，自己每天在学自己不喜欢的专业知识，那种枯燥乏味，那种心急无奈，实在让人非常痛苦与焦虑。

而檀馨正好相反，当她在上绘画课时，面对青山绿水、飞瀑溪流写生时，那种心情的舒畅与快乐真是很难用语言来形容。檀馨学的是自己喜欢的专业知识，画的是自己酷爱的山水园林，她的大学学习生活很轻松、很愉快，她感到自己真正选对了学校、选对了专业。

在北京林大中，檀馨又幸运地遇到一位好老师杨赍丽教授，她有学识、有人品、懂专业、关心人，檀馨从这位尊敬的老师这里学到了许多园林专业知识。杨教授是将檀馨引入园林设计这个丰富灿烂世界的恩师，也是介绍檀馨入党，使檀馨获得政治生命的引路人。杨教授现在既是檀馨的师长，也是学术上的知音、生活中的挚友，檀馨永远感激她。

檀馨，从一个十九岁风华正茂的青春女孩跨入北京林大校门到今天，她已经整整走过了半个多世纪。在这半个世纪中，檀馨学习园林、教学传授园林，规划、策划、设计园林。在北京、在全国许多地方都有她设计、建设的园林。这些园林都受到了业主、专业人士、社会友人的欢迎与好评。檀馨能取得这些成就与业绩，是与三件关键之事不可分割的。

其一，檀馨传承了祖父檀玑的聪慧、好学、正直与大度。

其二，檀馨有幸接受了包括她母亲在内的，从小学、中学、少年宫到大学多位优秀老师的亲切教诲与引导。

其三，檀馨在哥哥与家庭影响下，幸运地选择了适合自己的大学、适合自己的专业。在这个大学、这个专业，檀馨这颗种子找对了土壤。在这片土壤中，养分丰富、水量充足、阳光充沛、空气清新、温度适宜，这使檀馨这颗园林设计之才的种子在最舒适的环境中破土而出，长成幼苗，而幼苗又在这片土壤上生长成挺拔玉立、枝繁叶茂、经得起风雨的大树。

第二章

艰难岁月

　　檀馨在北京林大上大学的最后两年正好赶上了中国三年困难时期，在这样一个国内国际形势都十分严峻的历史时刻，当一些人对国家前途失去坚定信心时，檀馨却毅然上交了入党申请书。檀馨坚信，在中国只要坚持中国共产党的领导，那么党会领导全国人民战胜困难，勇敢面对苏联的挑战，中国一定会战胜一切艰难险阻赢得成功。经过入党介绍人杨赛丽老师的认真帮助，在接受了党的考验后，檀馨于大学毕业前光荣地加入了中国共产党。在国家最困难时期主动要求入党的人很少，因此她是当时班上唯一的一名党员。

　　大学毕业后，檀馨于 1962 年被分配到北京市园林局设计室工作，平日既在园林局园林设计科搞园林设计，又在林大园林设计教研组搞教学。由于檀馨对工作十分认真、敬业，肯动脑子、肯下功夫，再加上有画得一手优秀园林图的优势，因此在城市园林设计与教学这两方面都表现得十分突出，取得了很好的成绩。

　　在中国一些单位、部门中，长期存在着一种不良风气，或可称之为恶习。一些部门领导自己不努力、不刻苦、不奋发向上，他还容不得部下展现才华、做出业绩、贡献成果、成为人才。他们不顾单位的利益、事业的发展，从一己私利出发，嫉才妒能、压制能人、排挤人才。

在檀馨走上工作岗位，刚刚取得一些成绩后，这种不良风气与恶习就降到了她的头上。你不是喜欢画风景山水，擅长画园林设计图吗？那好，现在就让你离开园林设计，让你去学园林建筑。

檀馨这个人有一个最大的优点就是乐观，心很宽，遇事想得开。她心中暗暗思量：你发现我在园林设计上很有才华、很有悟性、很能干，怕我在园林设计上脱颖而出、露了锋芒、冒了尖，影响了某些人的地位，因此让我改学园林建筑，那好，我就去学建筑。我不会像有些人那样在遭到排挤后，就背上思想包袱，想不通，躺倒不干。

檀馨心想自己正好没有全面学习过园林建筑方面的知识和技能，而园林建筑正是园林设计中的一个十分重要的组成部分，自己完全可以利用这个大好机会多学一门与园林设计有关联的专业知识，这对自己将来搞园林设计肯定是会有很大好处的。明明知道对方有整人的目的，但檀馨的心态非常好，遇到不利的事情能通过自己的努力来宽解自己，尽量能看得远一点，想有利的方面多一点，让自己从不愉快的心境中走出来。

于是，檀馨愉快地接受了领导的安排，开始了为期三年学习园林建筑的历程。这段学习历程是先从前往上海、广州等地进行参观、调研开始的，在三年之中，她在上海、广州等地实地参观了许多有特色的园林建筑。

园林建筑是建筑领域中的一个重要组成部分。建筑实际上包含了许多分支，有工业建筑，工业建筑中有厂房建筑、矿山建筑、化工建筑等；有民用建筑，民用建筑中又有住宅建筑、古建筑、园林建筑等。檀馨以前并没有完整系统地学习过园林建筑，但她的数学底子很好，空间立体感很强，特别是美术绘画、写生有很好的基础，这些对学习建筑设计都十分有利。

在三年园林建筑学习中，檀馨参访了许多著名园林，她在调查每一座园林建筑时，都会将建筑本身的设计特点、结构式样、造型、用材、色彩，与周边的园林环境联系在一起全面考虑。在学习过程中会提出许多建筑技术与园林艺术上的问题：为什么这座园林建筑采用了这样的结构？在建筑力学上有什么好处？为什么采取如此造型与色彩？这与周边的树木、草地、山水是否有相互衬托、借景、协调的关联？看到了一个新的园林建筑就会结合周边的自然、人文、历史环境，发挥主观能动性，开动脑筋，自己给自己提问题。而在学习园林建筑理论中，就是要将所学的理论与自己发现并提出的问题结合在一起，带着问题学习，在学习中搞清、搞懂不明白的问题。这样的学习才会有实际意义，所学的园林建筑设计知识、方法、手段也才能很好地应用到今后的实际园林设计之中。

就这样，檀馨在走访、调查并提出问题的基础上认真、系统地学习了三年园林建筑设计。在这三年中她自己不仅学习了园林建筑知识，还在一边调查一边学习的同时，抓紧一切时间，编写了相关教材。

中国有一句话叫作"因祸得福"。当时从表面上看，她是被排挤出去，失去了设计园林的机会，也失去了展现自己才华、能力与创意的平台，失去了自己上升的空间，这应该说是"祸"，但正是因为有了这个"祸"，才使她有了一个全面系统调查、学习园林建筑设计的千载难逢的大好机会。正是有了这三年系统学习，她的园林设计专业知识更加全面、更加丰富、更加系统，眼界也更加开阔了，这为她后来设计出许多享誉中外的著名城市园林与公园打下了坚实的基础。正是因为有了这个"祸"，才带来了后来的"福"，因此用"因祸得福"来描述十分准确。

有些事情从事后来看确实是一件好事，但设身处地考虑一下，在当年那个被排挤的工作环境氛围中，心里要真正做到放得开、想得通，只有心态非常平和、非常乐观的人才能真正做到。在任何逆境中保持乐观这一点非常重要，但常常是说起来很明白、很容易，而要真正做到却很难、很难。

这种让人心中十分苦闷、很难让人欢快起来的事，随着"文革"的到来，越来越多了。许多让人揪心的事情，要让人保持一个乐观的心态确实说起来容易，但在严酷的现实面前真正做起来确实很难。

"文革"初期，檀馨与其他老师、同事作为北京市委"四清"工作组前往北京远郊区汤河口。在这里，檀馨与其他队员一样每天参加农田里的劳动，此时，她的第一个儿子才六个月。因无人照顾，半岁的儿子被迫寄养在一家原本并不相识的陌生人家。

檀馨丈夫此刻已随北京林大一起迁往了云南丽江，一家三口，一个在北京远郊，一个在遥远的云南，一个寄养他人家中，完全是天各一方。母亲见不到还在襁褓中的儿子，丈夫见不到妻儿，夫妻不像夫妻，家不像家，这样的日子能让人乐观吗？但檀馨却做到了，她仍然对生活、对未来抱有信心，仍然以乐观心态对待生活的每一天。

在云南，檀馨与丈夫先后在丽江和昆明工作。但无论是在丽江还是昆明，生活都十分艰苦。没有食物油，没有肉，没有鸡蛋，没有牛奶，几乎没有一切副食品。而此时，她与丈夫又有了第二个孩子，一个活泼可爱的女儿。一儿一女，这对于任何一个家庭来说都是美满幸福的，这一儿一女也确实在那极其艰苦的日子里给他们这对生活在他乡异土的夫妻带来了许多欣慰与快乐。

但无油、无肉、无蛋、无奶的生活却是活生生的现实，这样的日子一睁开眼睛每天都要过。大人们不吃肉、不吃蛋，虽然根本无营养可言，但还是能够熬得住、挺得过，可孩子们如果长期缺少蛋白质，不仅会影响儿时的身体、智力正常发育，还有可能影响其终生免疫力。

怎么办？穷则思变，活人不能让尿憋死。为了孩子，没有路也要闯出一条路，没有办法也要想出办法来。

当地人有一个风俗习惯，干农活的马死了之后，他们不要马肉，只要马皮，于是林大教职员就主动帮他们杀马，将马皮给予他们后，留下马肉给教职员工每家分着吃。由于一匹马重达几百斤，每家可分到几十斤马肉，但云南天气炎热，马肉无法保存，那时电冰箱对于中国老百姓来说还不知道为何物，于是，怎样将马肉保存好就成了一件大事、难事。

当地人抓住野猪后，储存野猪肉的办法一般都是用盐抹在肉上，然后吊挂在灶口上方，让烟将肉熏干，但这种又咸又硬的烟熏干肉孩子们一是不喜欢吃，二是也咬不动。于是，檀馨就开动脑筋，主动想一些新的办法，她想起孩子在北京吃肉松的情景。肉松又松又软，不仅孩子们喜爱吃，好消化吸收，还可以长期保存。

熏干肉吃的时候要用刀切、油炒，或是上笼屉蒸，十分麻烦，而肉松想吃就吃，想吃多少就可以随时取多少，吃起来十分方便。既然猪肉、牛肉可以做肉松，为什么马肉不能做肉松呢？于是檀馨想出了一个将马肉制成马肉松的办法：她将马肉切成一小块一小块，用文火在锅中一遍又遍地炒，经过几次试验，做出了又好吃又好存的马肉松。不仅自己的孩子非常喜欢吃，其他林大教职工的孩子也非常喜欢吃。于是用马肉做马肉松的方法很快就在林大教职工家属中推广开来，一时间马肉松成了林大教职工孩子们的营养美食。这一办法在一定程度上缓解了林大教职工、家属，特别是孩子们平日吃肉困难的难题。

檀馨虽然祖上是安徽安庆人，但由于从小长在北京，在北方见到重体力劳动一般都由男人来做，基本上未见过妇女干重体力劳动。而当她来到云南后，亲眼看到了当地农村妇女都是干重体力劳动的好手，背背篓、挑担子、扛麻包、下农田、上大山，妇女几乎将重体力劳动的活儿都给包了。

但世上人无完人，当地妇女虽然吃苦耐劳，有着一身好力气，但她们做针线活儿就不在行了。于是，檀馨就发挥自己能绘画、会针线活的优势，帮助中年妇女做小孩穿的棉袄、棉裤，帮助年轻妇女画绣花鞋、床帷子画样。妇女们看到檀馨做的小孩棉袄、棉裤如此好看、实用；绣花鞋、床帷子的画样画得如此精细、漂亮，她们十分高兴，并从心里非常感谢她。于是当她们每户人家杀猪时，会将自家精心制作的肉米粉肠送给她。这种肉米粉肠孩子们也很爱吃，这不仅改善了檀馨一家人的伙食，也缓解了一家人，特别是两个孩子蛋白质不够的营养问题。

现在城里人，特别是年轻一代可能很难理解，想吃肉松、香肠，到超市去买不就行了？他们哪能想到，在那个艰苦的年代，在西南落后的农村地区，哪里会有什么超市，哪里会有肉松和香肠。那个年代真是不堪回首，但是那个年代也给檀馨这些人带来一个最大的优势：不怕吃苦、不惧挫折、能够忍耐、坚毅顽强，这些优势是在艰难困苦中磨炼出来的，这一优势使檀馨在后来改革开放的激烈竞争中受益匪浅。有了这段艰苦日子垫底，从此之后就再也没有吃不了的苦了。

来云南一段时期后，政策略微宽松了一些。以前每个教职工家都是不许养鸡的，因为那年代是不允许发展私人财产的，养鸡也被列入私人财产，是资本主义的尾巴，必须割掉。

允许个人养鸡后，这一下可给了檀馨施展才华的空间。大家也许会问，她是学园林与建筑设计的，又不是学畜牧的，养鸡怎么会让她大展才华呢？实际上现在人很难理解檀馨这代知识分子在所学知识没有用武之地，一腔热情报国无门时的苦闷心情。檀馨学的是园林与建筑设计，在那个年代既不能搞园林设计，也不能搞建筑设计，那好，就将设计建筑的知识与才华用在设计自家的鸡窝上吧！苦中寻乐，在这小小的鸡窝上一展自己的设计才华。

檀馨设计的鸡窝分为上下二层楼，下层是鸡休息、睡觉的场所，可称之为鸡的卧室，在一层的一侧还设计了一个铁箅子，鸡屎可透过铁箅子落到下方，保持鸡窝的清洁，就算是鸡的卫生间吧。二层是专为鸡下蛋设计的，那里铺着干草，明亮、通风、舒适，可称之为鸡的产房。由于她设计的鸡窝太舒适了，不光自家的母鸡在这里下蛋，其他教职工家养的一些母鸡也都跑到她家的鸡窝来下蛋。看来这些母鸡也十分识货，它们似乎也知道这是一位专业的设计师在为它们设计高级住宅。母鸡们十分偏爱这个豪华住宅，它们愿意舍近求远专门跑到这个住宅中来生蛋。

设计师檀馨为鸡设计了二层高档鸡窝，母鸡特别喜欢在这里下蛋，这一件事一时间在当地成了大家饭后茶余的美谈与笑谈，但在这笑谈中却深深地隐藏着中国知识分子当时的无奈与心酸。

中国的知识分子是多么可爱啊！在如此艰苦的生活条件下，在自己的知识、才华得不到施展的那个特殊年代中，他们苦中寻乐，自己鼓励自己、自己为自己改善生活与生存创造条件。在这种艰苦岁月中培养起来的乐观情绪，以及这一乐观情绪后面的豁达精神是支撑檀馨的巨大精神力量。

来到云南后虽然生活十分艰苦，但这里却是一个山清水秀、风景如画、美不胜收的好地方。面对美丽的云南山水，檀馨这个从小爱画画的人再也无法抑制自己写生山水的冲动，于是，她花了五元钱请当地老乡为她做了一个油画箱。那时，她只要一有空闲时间，就会跑到河边，坐在凉爽的河岸山石上，仔细欣赏美丽的大自然。在宁静的山岗上，葱郁的大树下，面对如诗如画的青山绿水，展开画布，将娇美的山水，将她对祖国山河的一片挚爱、对山水的理解，以及她的美术才华全部倾泻在画布中，并使其凝固在画布上，永存在自己心中。

现在半个多世纪过去了，每当檀馨在进行新的园林创意、设计遇到困难时，就会把当年画的画拿出来看一下。看到了这些画，往事就会一幕幕涌现在她的脑海中，是那样清晰、那样鲜活、那样让人感动。她会从这些当年的画中汲取无穷的力量，获得无限的灵感。

檀馨正是有了这种乐观精神，她才会努力生活，使生活条件得到改善，她才会热爱大自然、走近大自然、亲近大自然、描绘大自然，她才会在日后的园林设计中，懂得大自然、贴近大自然、尊重大自然，这使她在园林与公园设计中既保留了大自然原生态的粗犷与野趣，又传承了历史文化精髓，同时又融入了现代美学与科技，实现了源于自然又高于自然的目的。可以说，没有乐观的心态，她很难挺过那个年代；没有乐观的心态，她也不会有今天的成就。

乐观心态伴檀馨度过了那个艰难岁月，是乐观的心态与喜爱画画、迎难而上使檀馨成长为一位对中国园林事业有突出贡献的设计师，有成就的专家，对国家、社会、百姓有用的人才。乐观的心态也使她始终有一个健康的身体来应对每天大量繁杂的工作。

檀馨常常自问：在那个艰苦的特殊年代，我能长期保持乐观心态，这是因为我个人的天性与性格的原因所致，还是我的修养教养较高？或者是思想意识已升华到了一定高度的结果？我反复探寻着能让我保持乐观心态的原因。后来，我渐渐地悟出了其间的缘由，这实际上是由多方面综合因素融和、汇聚而成的，绝不是单独、孤立的某一方面因素。可以说，让我保持乐观心态的原因之中，既有天性与性格的因素，也有修养教养的原因，同时也与思想意识相关，缺一不可。

檀馨从内心深处感谢自己有这样一种乐观的心态，感谢在事业起步阶段遇到了这样一段令人终生难忘的岁月。

　　乐观的心态让檀馨走过了这段刻骨铭心的日子，乐观的心态又让檀馨迎接了之后更加丰富的人生。

第三章

香山饭店

中国历史的一个重大转折点终于到来了，1976 年 10 月党中央一举粉碎并打倒了"四人帮"。拨乱反正，一切被"四人帮"扭曲、颠倒的事情都要推倒重来。

那么，北京林业大学还能从云南迁回北京吗？我还能回到北京从事她喜爱的园林设计工作吗？我的丈夫与两个孩子也能一起回来吗？在从云南返回北京的火车上，檀馨的心情一方面非常激动，另一方面一连串的问题则萦绕在脑海中，让她十分紧张。她反复想着、思考着，坚信一切都会好起来，但是不是一切都会落实在她和她一家人身上，什么时候能落实，还要等多长时间，这些心中就没有底了。

到了北京，檀馨一下火车就径直奔向了市政府。因为她离开北京时她的人事档案关系一直存在那里。

当檀馨踏进久违的市政府大楼时，她的心情依旧十分复杂。北京会怎样对待她这位从云南远道而来的人？是欢迎，还是排斥？

但让檀馨十分惊喜与激动的是，市政府相关工作人员的态度非常亲切和蔼、平易近人。工作人员热情地对她说："现在'四人帮'被打倒了，知识分子又受到了重用，您是学习园林的知识分子，您愿意回北京，去北京园林局继续搞园林设计，那我就给您立刻办理相关手续；若您决定回到云南的北京林业大学继续教书，也由您自己决定。一句话，来去自由，一切由您自己做主、自己决定。"

市政府工作人员的这段真诚的话让檀馨激动不已，她此时才深刻地感受到，打倒"四人帮"后，天下真是大变了，他们这些被送到远离北京的，在艰苦生活与环境中磨砺的知识分子，今天又受到国家、政府的重视了。政府工作人员对檀馨如此亲切，把回北京搞园林设计的主动权、选择权完全交给了她自己。自从檀馨走上工作岗位，完全由自己来选择工作地点与工作内容，这还是第一次。为此，檀馨此时激动与兴奋的心情简直无法用语言来形容。

多少次檀馨在睡梦中梦到自己又回到了北京，又在设计图板前开始了自己酷爱的园林设计。今天，梦想成真，她真的可以回到北京，回到自己的园林设计图板前了，于是檀馨毫不迟疑地对工作人员说，我决定返回北京，回到北京园林局搞园林设计，请您立刻给我办好一切相关手续。

就这样，为了自己所钟爱的、魂牵梦绕的园林设计，为了这个最高、最神圣的压倒一切的愿望，檀馨来不及多想其他了，也来不及与丈夫商量，就当机立断下了决心。她先于丈夫回到了北京，回到了北京园林局的园林设计科，回到了设计绘图桌旁，拿起了久违的设计笔。

20世纪80年代初，中国改革开放还刚刚起步，整个国家各项事业百废待兴。北京的园林行业与全国一样基本上处于停顿状态，十年"文革"基本上没有什么像样的园林设计与建设。由于设计师们都长时间没有什么设计任务，因此，大家的专业都比较生疏了。

檀馨回到园林设计岗位后，开始时每天都处于一种极度的兴奋状态，从千里之外的云南回到了北京园林局，此时应该做什么？能够做什么？在兴奋之余檀馨认真地思考着这个问题。冷静的思考让她明确了非常紧迫与重要的一点："文革"十年浩劫，将中园与世界园林设计的水平远远拉开，从园林设计理念、观念、理论、技术、植物、建筑、建材等方面中国与发达国家都有着巨大的差距，而她本人这十年不仅远离国际园林发展先进国家，还远离了科学技术相对占重要优势的北京，这十年专业技术上的损失是不可小视的。

虽然这十年檀馨在专业上一直并未放下，也一直在继续坚持园林写生绘画，但国际上许多新发现、新成就、新技术、新设计，她几乎一无所知。那么怎么办？只有一条——学习！拼命地努力学习，寻找一切能找到的有新知识、新技术的书籍、刊物与资料。在学习的基础上拼命地努力工作，学习与工作都要做到一天要等于两天、三天，甚至更多天。

檀馨想到了，就一定要做到，并立刻投入实际行动。那是一个充满激情与向上精神的年代，檀馨每天拼命地学习、拼命地工作，挤压掉了自己的一切业余生活时间，决心要将耽误的宝贵时间尽快夺回来。

就在这个历史性时刻，命运之神眷顾了檀馨，一项世人瞩目、轰动全国的重点建筑工程即将建设，那就是以国际著名建筑大师贝聿铭为总设计师的香山饭店。

之所以会引起巨大轰动，有两个主要原因：

其一，这是中国改革开放后建设的第一座位于著名公园中的高档饭店。

其二，香山饭店的设计者为美籍华人、国际著名建筑大师贝聿铭。

贝聿铭设计大师在世界上誉满全球、丰碑林立，他是国际公认的世界顶级建筑设计泰斗。然而再杰出的建筑设计大师也有他的弱项，贝聿铭对于具有中国民族风格与特色的园林却并不太熟悉，因此为了配合贝聿铭对香山饭店的设计，上级部门就将香山饭店的园林设计任务交给了北京园林局。

檀馨当时四十岁，在北京园林局众多的园林设计师中，香山饭店园林这样重大的设计排资论辈根本轮不上她。

"三十而立"，但檀馨三十岁时，正遇上十年"文革"，因此在事业上她并没有条件"而立"。

"四十而不惑"，所谓"不惑"，无非是说把功名、是非、恩怨都看淡了、看透了、大彻大悟了，但"不惑"并不是已无追求、与世无争，而是上升到实现更完美的自我境界层面。

孔子的"四十而不惑"，与檀馨此时的情况基本相符。她此时并未将名利看得很重，而是希望能给国家赢得荣誉。檀馨并不是无追求，与世无争，她同样希望实现更完美的自我境界。不仅要让自己认识自己的能力，建立起自信心，也要让园林局与社会认识自己，开创未来事业的天地。

由于贝聿铭是国际级大师，为此，一些资格老的工程师顾虑重重，他们感到配合好了是功绩，但如果配合不好、不成功，反尔会有损自己地位，对自己造成不利影响，因此面对这一重大国际合作园林工程设计项目，无人主动请缨。

既然无人主动要求担此重任，因此最后领导经过研究，决定由每位设计师拿出一个初步的设计方案来进行公开评选，并最终从中选择确定一个设计方案。

于是，檀馨调动了以前所学的园林知识，将在云南山水间写生中积累的素材也汇集起来，特别是将回到北京后所学的新知识、新技术应用到香山饭店的园林设计方案之中。她在设计方案时并未感到有很大的压力，她上面老资格设计师这么多，她的设计方案即便不能被选中也没有什么不合情理之处。因此，檀馨完全放开思路，轻装上阵、大胆创新、放手设计。

不仅设计上无压力，就是面对荣誉与面子檀馨的心态也十分平和。她想，自己在园林局虽然资历不如一些老设计师，但她没有老设计师那种怕失败、怕影响自己声望的顾虑。自己此时在园林局、园林界还是一位并无很大影响的小人物，因此她不怕失败，也不怕失面子，她只要拿出自己的全部本事努力去做，那么就是尽了心、尽了力了。

世界上的许多事情就是这样奇妙，往往你心态上越急于得到，却常常得不到；而你心态上越随意、越无所谓往往反尔越能得到。此次在香山饭店的园林设计方案评选中，檀馨做到了在心态上完全放松，不抱过大希望；而在设计上她却高度重视，拿出了自己的全部看家本事，尽量让自己的设计方案尽善尽美。用八个字概括就是"心态放松、设计重视"。

评选的结果是令人大出所料的，不仅檀馨自己没有想到，就是其他许多人也没有想到。檀馨的香山饭店的园林设计方案在评选中脱颖而出，被园林局领导与众多设计师一致选中。

设计方案选中后，檀馨就顺理成章地成为贝聿铭大师香山饭店园林的合作设计师了。檀馨的心情是既兴奋、激动，又紧张、担心。

兴奋、激动的是，自己能与国际著名设计大师一起工作，零距离地与他进行接触、交流，向他请教、学习，这可是一个自己提高专业技术与业务水平的绝好机会。

紧张、担心的是，万一由于自己的专业知识、工作能力、才华智慧的欠缺不够，影响了香山饭店这一重大工程整体上的高层次、高品位、高品质，那她可就成了一个有过之人，甚至是有罪之人了。

古今中外，世界上许多重要的事情、重大的事业能够成功，取决于两个关键核心因素：

其一是外因，就是特定的历史时期、时机、机会、机遇，必要的人、财、物等外在条件；

其二是内因，自身的专业知识、才华、能力、智慧、创新、悟性、敬业、认真、坚定与吃苦耐劳等。

现在外因条件初步具备了，时机、机遇都已来到了檀馨的面前。在外因条件"人"这一因素中，由于香山饭店是中国人与外国人，中国与美国两个国家在中国改革开放之后在园林建筑工程中的第一次合作，也是中华人民共和国成立后的首次合作，虽然贝聿铭是美籍华人，但此时他是代表了美方，从此层面上分析，这次合作意义就非同一般了。

在与美方合作中，全局员工非常团结一致、相互配合。北京园林局的新、老设计师、工程师们都能做到将国家利益放在第一位，以祖国荣誉为重。

在与贝聿铭的合作中，檀馨代表的不仅仅是个人，而是代表了中国与中国的园林建筑界。这个工程也是中国改革开放、敞开国门、走向世界的一个先期的探索工程，这个工程若合作成功，将给今后的许多工程带来经验。反之，若合作失败，将给中国早期的对外开放带来很大的损失。

在大方向明确之后，园林局的全体设计师、工程师，无论是经验丰富的老同志，还是精力充沛的年轻人，都全力支持檀馨，为她出谋划策，都成了她的坚强后盾。此时可以说，檀馨的外因条件已经是相当齐备了。

外因条件具备了，那么这个时候就要看檀馨自身的内因条件了。檀馨的知识、才华、智慧、创新及综合素质是否能担起此重任，就在此一举了。

此时，当檀馨来到香山公园内，站在即将建设的香山饭店地基前，望着起伏的林涛、苍翠的山峦，她庄重、严肃、认真地问自己：

檀馨啊！你知道吗？

此时、此刻、此地，天已降大任于你，

你能不辱使命，为美丽的香山公园锦上添花吗？

你能为中国、为北京、为中国园林建筑界、为北京园林局与你的同事们赢得光荣吗？

你能为你的母校北京林大、你的多位老师赢得荣誉吗？

你能为你的祖父、父亲、母亲与哥哥增光添彩吗？

檀馨对着茫茫山林，充满激情地从心底里呼喊出一句坚定的话语：我行！我一定能行！

与世界著名建筑设计大师贝聿铭的合作开始了。起初，檀馨面对这位世界级大师心中十分紧张，不知对方的水平到底有多高。"文革"十年动乱，中国的园林设计建设完全处于停顿状态，现在改革开放刚刚起步，中国的园林设计水平与国际一流水平到底相差有多大？她本人与国际优秀园林设计师的才华、能力又有多大差距？这一切她自己心中当时都一点儿没底。知己知彼，才能取胜，不了解、不知道合作方的真实水平与能力，这让檀馨的心中十分不安。

就在这时，一个机会从天而降。檀馨很快从贝聿铭那里搞到了一份由他及助手画的香山饭店园林设计草图，在这张设计草图上只画了一座月亮桥、一个水池、几棵大树，整体结构十分粗放、简单。于是，檀馨一颗悬着的心才算平静下来，她自己暗暗鼓励和鞭策着自己，面对国际大师，自己不要胆小害怕，也不要低估小看了自己，要坚定信心相信自己。自己在中国传统园林设计上是有能力、有才华的，在设计建设中既要学习贝聿铭的强项与优势，更要大胆、勇敢地发挥自己的特点与强势。

进入工作阶段后，檀馨身上有一种即将冲上战场搏杀的冲动与激情，"文革"压抑了整整十年，如今展示自己构思、策划、设计园林的时机终于来到了。为国家效力、增光的机会第一次掌握在了自己手中，她感到此时周身上下有使不完的体力、用不尽的精力，于是她首先调动了自己多年来累积起来的大量相关素材、知识，并经过认真筛选，将其中有用的资料与素材应用于香山饭店园林的设计之中。

在檀馨学习中国园林设计，以及日后自己学习与专研中国园林设计中，渐渐悟出了许多重要理念，中国的园林文化艺术十分注重"园要有湖""湖要有水""水要有源""源要有山""山要有脉"这一特点。

于是檀馨尊重并传承了中国园林的这一特点，在设计中巧妙地采用了借景的艺术手法，利用香山的山脉、山体、山泉、山上的松涛、漫山的红叶作为衬托，并在园林中点缀了折桥、亭子、假山、山石、水车、平台、湖池、湖湾。

当饭店客人居住于总统套房中，向窗外远眺时：

清晨，晨曦熹微、薄雾缭绕；

傍晚，霞光似锦、残阳如血；

雨天，山天一色、水雾迷茫。

檀馨将这一美景取名为"烟霞浩渺"。

就这样，檀馨给香山饭店整个园林设计了十五个景点，并为这十五个景点取了具有浓厚人文与文学色彩的名字。这些以中国文学命名的美景有："海棠花坞""金鳞戏波""晴云映日""松竹杏暖"等。

在进行"海棠花坞"的构思时，檀馨利用了"流华池"西北侧一个恰似船港的河湾，在此基础上设计了一个船坞。在离河岸约十米处，用几十块形状各异的山石组成一串石链，将船坞与流华池隔离开。在河岸旁竖立了一架直径约四米木制的带有民间乡土气息的水车，在河湾上种植了十株海棠。海棠是中国北方传统园林特有的花木，仲春时节，海棠花沿河畔盛开，花繁叶茂、满湖飘香，从香山饭店依窗而望，如片片粉雪、娇美欲滴，由于船坞中海棠花怒放、香气醉人、美不胜收，因此此景得名"海棠花坞"。

"金鳞戏波"的设计构思是将山石、池水、红鲤鱼与池水有机地组合在一起。在"流华池"西侧一角，放养了几十条红鲤鱼。红鲤鱼在游动嬉戏时，鱼儿鳞片闪出的金光与鱼儿在水面泛起的波光以及层层涟漪组成了一幅流动的美丽画图。在鱼儿嬉戏的池水中心兀立着一尊形态怪异的山石，这静态之美与流动之美交相辉映，构成了"金鳞戏波"这一由石、水、鱼、波、光融和而成的生态美景。

"晴云映日"是借人文历史而成的一景，在这里有一棵挺拔苍劲的古松。古松下有汉白玉的石桌、石凳，毛泽东主席 1949 年刚刚进入北京时尚未入驻中南海，曾经就居住于此。北京和平解放后毛主席曾在这棵古松下会见了傅作义将军，因此这棵古松得名为"会见松"。在毛主席与傅将军畅谈的石桌旁栽植了几株白玉兰花，当白玉兰花盛开时节，晴空万里、阳光灿烂，朵朵雪白的白玉兰花在阳光照耀下就像晴空中一朵朵飘浮的白云，美极了、艳极了，此情此景就被誉为"晴云映日"。

"松竹杏暖"是完全依靠植物搭配组合而成的一个美景。在一条曲径幽深的甬路两旁，栽种了几百丛翠绿鲜活的竹子，这些绿竹给北国的园林带来了生机与暖意。在一片片竹丛中，一棵已有两百多年树龄的古银杏树，为这一景观带来了厚重的历史积淀与多彩的历史故事。而与这棵古银杏树相伴的则是一棵苍劲的古松，古松形似卧龙，古松、古银杏与翠竹巧妙、有机地组合在一起，构筑了一幅既蕴藏着历史内涵，又充满了现代生气的"松竹杏暖"的画卷。

十五个蕴含深厚中国文化的景名，十五个美丽高雅的景点，浓缩、凝聚了檀馨的专业知识、才华智慧、文学修养、艺术造诣、绘画技巧、想象能力与创新胆识，在这里著者不可能将十五个景名景点一一展现出来，但除了上面四个之外，有几个还是必须让读者认识并了解的。

贝聿铭大师在设计香山饭店时留下了一座十几米高的建筑物白墙，这一大白墙给人的视觉产生了太秃、太空的感觉，檀馨意识到了这一点后，决心要用自己的园林设计来进行弥补。

檀馨多少次来到这座大白墙旁，认真进行现场考察并进行反复思考。既然高大的大白墙给人造成空间上过于空荡、色彩上又过于单调之感，那么就一定要在空间上加以弥补，在色彩上予以丰富，本着这一理念，经过认真探索，她最后在设计上做出了一个大胆的创举。

檀馨在大白墙前面设计了一个水池，种了一棵十二米高的大油松，高大的油松陪衬在大白墙前面，在空间视觉上得到了协调，绿色的松叶与白墙相映益彰，也使色彩更丰富。水池、油松与白墙三者的结合，使原本空荡光秃的白墙丰满并立体起来，一扫原本光秃空乏的视觉效果。后来许多大学教授、园林专家、学者与游客来到此处景观时，他们依据景观的现实与艺术效果，将这一景观取名为"三影树"。

起初，檀馨也不明了为何将这个景点起名为"三影树"，但后来人们告诉她，在阳光下，高大的油松树在白墙上留下一个影子，这叫作墙影；油松树又在水池的水面上留下一个影子，这叫作水影；油松树还在地面上留下了一个影子，这叫作地影。墙影、水影、地影，这三影都是由油松树投下的轮廓，因此就被称之为"三影树"。

檀馨听了"三影树"景观命名的来历，心里真是又钦佩又感动，中国的专家与游客的想象力与创造力真是太丰富了，她这个香山饭店的园林设计师，自己在设计时都未想到一棵油松树会在三个不同的载体上产生三个不同的树影，也未曾想到会产生一个名叫"三影树"的新景点。看来人们对美好的事物、美丽的景物总是喜爱的，总想给美好的事物、美丽的景物起一个好听、好叫、又好记的名字。中国的专家与游客实在是太聪明、大可爱了，她从心里感谢他们。

"流华池"是香山饭店园林的一个主体湖泊。池水位于香山饭店正南方向，宽阔的池面达到了一千四百平方米。在这个宽阔的池面上一定要通过一些池中的建筑将其分隔开来，使池面不会给人产生空旷、单调的视觉感受。

于是，檀馨在池中心设计了一个平台，平台通过一座曲桥与池畔相连。站在池中心的平台上向四周望去，池畔上数十棵古松、古柏围绕着池水，将翠绿的松叶倒映在池水之中。

东西两棵高达十米以上、已有三百多年悠久历史的古银杏树，是香山饭店园林中的珍品，它将金黄色的银杏树叶倒影在池水中；池旁香山著名的枫树，也将火红色枫树叶倒影在池水中；香山饭店则将主体建筑的白墙倒影在池水中。翠绿的、金黄的、火红的、雪白的色彩在池水中交织在一起，形成流光飞驰、华章溢彩、丹黄珠翠、如梦如幻、五彩斑斓的美景，由此这个主水池便得名"流华池"。

在"流华池"的南侧池旁，檀馨设计了两块并排竖立着的巨大山石。西侧一块小一些，约一米五高、一米宽，另一块则是一块巨石，宽约二三米，高约四米，重达十三吨的山石，名为"飞云石"。这块被誉名为"飞云石"的巨石采自云南石林，是效仿黄山"飞来石"的含意。能将这块山石千里迢迢从云南运到北京可以说是历经千难万险，十分不易。

相传乾隆皇帝酷爱天下奇石，但在那个年代，由于交通运输与搬运技术落后，云南的巨大山石要运到北京，几乎是不可能的。而这一次檀馨却实现了以往皇帝都未能实现的梦想。

说到搬运这些山石与巨石，以及堆砌香山饭店园林中的假山，这中间还有一段真实的故事。

在香山饭店园林设计中是否堆砌假山，檀馨与贝聿铭先生发生了分歧。贝聿铭原本并不同意设计并堆砌假山，但檀馨想，不能因为他是赫赫有名的国际建筑设计大师，真理与道理、正确的方案与高雅的创意就一定全在他那里，不能他说对就全对，他说不行就全不行，自己不能一切都这么俯首帖耳完全照办，一定要通过自己的大脑认真思考，一定要有自己的思想。

那么，檀馨当时想的是什么呢？她想，一定要在北京建起一座世界一流的公园饭店园林，为国家争光，特别是当时中国对外开放的大门刚刚打开，这是北京第一个，在全国也是领先的一个中外合作建筑工程项目，中国急需有国际一流水平的建筑在改革开放的大好形势下诞生，中国急需获得中外合作项目的成功经验。

檀馨并没有想到为个人图什么好处，也并不怕失败、丢面子或下不了台，因此，此时她的心中是无私坦荡的，正是因为无私，因此才能做到无畏。

因为无私，投入这项工程才能出于公心，才能坚持自己的设计与理念；

因为无畏，在贝聿铭国际大师面前也就能做到摆事实、讲道理，按科学规律办事。

因此，檀馨认为，一个一心要为国家做出成就的优秀设计师，不但要有学识、经验与才华，还必须要有这种无私无畏、高度敬业的精神。

檀馨确立了一定要在香山饭店园林中堆砌假山的设计理念后，接下来的工作就是要以事实、用真诚与耐心来说服贝聿铭大师。

檀馨首先对贝聿铭先生说，中国幅员广大，出产好石头的地方很多，因此好石头一定能找到，从而打消了他认为好石头都被中国历代皇帝用光，不可能再找到好石头的疑虑；同时檀馨还告诉他堆砌假山的优秀石匠中国现在也并不缺少，虽然"文革"十年许多园林的假山、山石遭到破坏，老一代石匠也受到了影响，但中国石匠一般都是一辈传一辈家传的，因此这门手艺在中国后继有人，并未失传，从而打消了他认为在中国已找不到优秀石匠的另一个疑虑。

接着檀馨将自己精心设计、绘画的园林设计图寄给了贝聿铭先生。使她没有想到的是，贝聿铭先生看了这个设计图后感到很满意，他对檀馨说了一句非常聪明且一语双关的话："你们所画的，正是我所想的"。能得到贝聿铭大师的首肯实属不易，这让檀馨的精神为之一振。可以说，从此之后打消了檀馨的许多顾虑，同时也更加坚定了自己设计思路的信心与设计方案的决心。

下一步就是要去采购优秀的山石。檀馨经过多方努力，终于获得了上级领导的亲笔批示，带着这个批示，她不远万里赶到了云南石林，要在这里为香山饭店园林挑选最上等的好石头。

来到云南石林这个中国著名的旅游景点后，檀馨才弄明白，石头是当地人的珍宝，是发财的金盆、养家的饭碗，他们就是依托石头生存、致富、发家的，如此的宝贝之物，人家怎么肯给她呢？

檀馨此时虽然手握领导的批示，但在当年的边远地区，这种批示也并不十分灵验。

正在一筹莫展之时，檀馨想到了当年北京林业大学迁往云南时，她教过的两个学生此时正在石林工作，于是便找到了他们。两位学生给指了一条明路，他们说："您一是不能取石林旅游景点与通往旅游景点公路两旁的石头，那些石头属于旅游景点景观用石，任何人都是不会给的，也是绝对不敢给的。

"二是您要将注意力集中在开挖水库周边生产队的石头上，这些石头的质量与旅游景点是一样的，但由于所处地域方位不同，当地人对其关注度也就会不同，拿水库周边生产队的石头难度会小许多，而成功的可能性则会大许多。

"三是您必须请生产队长喝酒，请当地人喝酒是看得起人家、尊重人家，愿与人家交朋友。您能按这三条去认真做，相信是会成功的。"

于是，檀馨按照她的学生教的办法，自己掏钱买了酒，并与生产队长一同开怀畅饮。檀馨这个人平日并不喝酒，一来怕喝酒误事，二来当时工资收入很少，没有闲钱买酒，但真要喝起酒来她也一点不少喝。少数民族的性格果然十分豪爽、真诚，他们与檀馨一起开怀痛饮后，当即就在开采搬运山石的单子上盖了章。在他们真诚的帮助下，檀馨挑选了大小不等、形状各异的一堆山石，总重量达到了五十吨，其中有一块宽二三米，高约四米，重达十三吨的山石，是一块绝顶上等的好石头。

俗话说多个朋友多条路，这一次幸亏檀馨有当年的云南学生真诚相助，否则从云南石林采取上等好石头实在是一件很难办到之事。

石头是找到了，可是其中那块巨石怎么从万里之外的云南安全完整地运到北京呢？重达十三吨，宽约二三米，高约四米又长又宽的巨石，用汽车运输，一是一路上盘山公路汽车无法爬坡通行，二是公路上隧洞、桥梁众多也根本无法通过。用铁路运输，铁路部门怕火车过山洞时，巨石体积太大发生危险也拒绝运输。情急之下，檀馨找到并托了几个有很强能力的能人，由他们找到了铁道部部长，并由他亲自特批了专门的车厢。一路上，铁路部门认真装运、精心护送，这才克服了许多困难，最终艰难地、安全地将巨石运回了北京。

历经千山万水，好不容易将石头运到北京后，却又遇上了更大的困难。

巨石被运到香山脚下后，这里离香山饭店还有几千米的距离，且都是一路上坡。施工队面对巨石和上山山路，怕发生重大危险与工伤事故，不敢使用机械设备，于是巨石的运输工作就这样停顿了下来。

山路坡陡，道路狭窄，大型机械无法施展，安全生产又怕发生重大工伤事故，因为有这么多的理由，工程不得不停了下来，这于情、于理、于制度、于章程，施工队没有一点儿错误。而对于檀馨个人来说，作为一名园林设计师，从工作业务、岗位职责上来考核也没有一点儿错误与责任，既然大家都没错，都不需承担责任，那么就将巨石放在香山山脚下，大家慢慢等待好了。

但此时一种强烈的使命感与责任心在鞭策着檀馨，"文革"中中国已经等了十年了，她个人也已经等了十年了，国家不能再等，她个人也不能再等。不管别人怎么想、怎么看、怎么等，但檀馨无论如何是不能采取等待的办法的。因为等待并不能创造奇迹，好办法也不会从天上掉下来。奇迹与好办法只有自己开动脑筋去想。

于是檀馨想到了历朝历代修建宫殿、石桥、假山时，民间起重队搬运巨石的老办法。这个办法从她脑际中闪现之后，便立刻付之实际行动，檀馨请来了民间起重队，向工人们讲清了搬运巨石工作的重要性。工人们应用铰盘、铰链、滚木、木板、杠棒这些最原始的器械与工具，采用了最古老传统的搬运程序与办法。他们推动着铰盘，铰盘转动着铰链，铰链拉动着巨石，巨石则在临时铺起的厚木板上向山上一厘米一厘米艰难地挪动，就像一只缓慢移动的蜗牛，每天只能移动几十米，但到底还是在每天向山上移动几十米，这比停顿在那里寸步不动，已有了本质的不同。檀馨和民间起重队的工人们就这样每天坚持向山上移动，锲而不舍、顽强坚持，终于将巨石运进了香山饭店庭园中。

从这件事中檀馨得出了一个真理：任何事情不能互相推诿，更不能无限期、无结果地等待。哪怕每天只干一点，都比原地等待不干强得多。

巨石运到了香山饭店庭园中后，最后一步，也是最关键、最危险的一步就是将巨石竖立起来，并放置到位。由于重型起重机无法上山，也无法在庭园狭小空间中施展作业，于是还是要用祖先的老办法，搭起铁架，用滑轮倒链一寸寸将巨石吊起、竖正、入位，整个吊装过程惊心动魄，惊险万分，稍有不慎，就会架倒石歪、链断人亡。

现在想起当时竖起巨石的情景还是历历在目，让人感到十分后怕。用这种原始器具、原始的方法让十几吨重的巨石上大山，还要立起来，这随时都可能发生重大工伤事故的。可以说那时的人胆子可真大，但这种胆量也是逼出来的，人们被"文革"压抑、耽误的时间太长了，因此，从内心深处有一种强烈的要将时间补回来的信念，有一股一天要干出几天活的劲头。为此，檀馨身上有一股使不完的干劲。敢想、敢干、敢冲、敢闯，胆子特别大，希望早一天建成、建好香山饭店园林，真心要干出一番事业，为国家做出贡献，这就是檀馨当时压倒一切的信念。

当檀馨设计并指导民间运输队、施工队将这块巨石——"飞云石"立好后，当她来到"飞云石"旁用手抚摸着这块巨大的山石时，心中百感交集、激情澎湃。

来到这里的游客们在欣赏这块质地完美高雅的巨石时，会想到在万里之外的云南这块巨石是怎样被发现的吗？能知道这块巨石是怎样运到北京，又是怎样移到香山山上的这座园林中的吗？人们常说，"前人栽树，后人乘凉"，前人确实有责任、有义务为后人做出贡献、创造美好生活，但后人是否能了解、知道并懂得前人的艰难与奋斗呢？这块巨石默默地竖立在这里，它并不会将它从云南来到北京香山的故事告知后人，但有知识、有思想、有良知的后人能从这块巨石的体积、重量与质地上认识到前人将这块巨石置于这里的艰难与不易，他们会对前人肃然起敬，万分感激的。

这块重达十三吨，宽约二三米，高约四米的巨石，从万里之外的云南山区，通过汽车、火车，原始的铁链、吊链、滚木、杠棒，一里里、一米米、一尺尺、一寸寸，克服众多艰险，创造许多奇迹，终于运到了香山饭店园林施工的位置上，檀馨用她的坚定、执着、智慧，百折不挠的精神创造了奇迹。

檀馨并不渴望后人能记住檀馨个人，只希望更多的年轻人、更多的后人懂得前人艰苦奋斗的不易，他们要从前人身上传承一种精神，并做出一番事业与成就，留存给他们的后人，只有这样，前人造福后人，后人成为前人后又造福他们的后人，这样代代传承下去，一个民族才会兴旺，一个国家也才能强盛。

1981 年初秋，当漫山红叶尽染时，贝聿铭大师携夫人来到了香山饭店。贝聿铭大师坐在大堂中欣赏着如诗、如梦、如画的美景，观赏着园林主景"清音泉"——一座高达九米的假山时，心情格外激动，他走上前真诚地向檀馨表示祝贺，并对她说："太好了！太感谢您了！"

时任北京市副市长的张百发惊喜地发现协助贝聿铭完成香山饭店这一杰作的是一位中国女设计师后，从此给予檀馨很大的关心、重视、培养与帮助。他给了檀馨许多次出国学习、考察的机会，这使檀馨极大地开阔了眼界，丰富了创作思路与创意，缩小了与发达国家先进设计水平的差距。檀馨对这位老市长永怀感激之情。

在中国一个人才要获得成功是必须将客观外因与主观内因两个重要因素都同时具备才能脱颖而出，获得成功的。檀馨通过自己的切身体会认识到，客观外因与主观内因之间的关系一般情况下无非是以下主要四种：

第一种：客观外因条件与主观内因条件都不好，那将会一事无成。

第二种：客观外因条件很好，但主观内因条件不好，也常常不会获得成就与成功。

第三种：客观外因条件不好，但主观内因条件很好，那么对于坚强的人才会在艰难中改变环境、创造条件、做出成绩。

第四种：客观外因条件与主观内因条件都很好，那么人才在这种双好的环境中一定能做出突出的业绩与杰出的成就。

檀馨自己认为在参加香山饭店园林设计与建设中，基本上属于第四种情况，因此对她来说这是一件幸运的事。

香山饭店建成后，有一次檀馨在这里开会，当她漫步在饭店的园林中时，一位正在这里拍摄风景照片的青年专业摄影师，发现檀馨站在"流华池"中央的平台上，正在用一架傻瓜相机非常认真地拍摄着园中的景色，于是他走近檀馨并十分热情地对她说：

"香山饭店的建筑与园林是巧妙地融为一体的，早晨日出之后，您可以借日出东方，顺光由东向西北角拍摄，将香山饭店的主体建筑与西北角的'海棠花坞''金鳞戏波'等景致一并拍摄进去，当然前景一定要将'流华池'的池水、微波与池中央的平台也一并拍摄进去，这样拍出来的照片可以真实、完整地展现出香山饭店园林与建筑的组合之妙、和谐之美、层次之丰。由于景深范围较长，一定要用三脚架固定拍摄，若阳光好、天气好，这个角度一定能将香山饭店美丽园林的真貌跃然照片之上。"

稍倾，这位青年摄影师又带着檀馨来到园林的东北角，他真诚地继续传授着摄影技巧与经验：还有一个非常好的角度，就是站在园林东北角向西南方向拍摄，拍摄这个摄影作品的构图是完全为了尽量拍摄香山饭店美丽园林的全貌，将"流华池"南岸的"飞云石"、它东侧的那块巨石，以及两块山石之后的假山定为远景，"流华池"与池中央的平台以及池畔的古松、古柏与古银杏树定为中景，这个角度基本上涵盖了香山饭店园林的全景，拍摄时间以上午为佳，也要用固定三脚架拍摄。

在介绍完香山饭店园林最佳拍摄角度与时间后，这位热情的青年摄影师真挚地对檀馨说道："香山饭店与园林为香山公园美上增美、锦上添花，设计师不仅美化了香山，也美化了众多游客的生活，更给我们摄影师带来了进行艺术创作的一片美妙景致，我们可以在这美景中创作出优秀的摄影作品。美的摄影作品与人们美好的生活都是离不开这美丽园林的，我真诚地感谢香山饭店的建筑师与园林设计师，听说建筑师是世界知名的贝聿铭先生，但园林设计师我就不清楚了，但我想能与贝聿铭大师一起工作的设计师也绝非等闲之辈。"

这位青年摄影师的这番话让檀馨十分感动。他与千千万万的游客，都从内心中感谢着香山饭店与园林的设计师，但由于他们并不在建筑园林界工作，因此他们一般会知道是国际大师贝聿铭设计了香山饭店，但并不清楚香山饭店园林设计师的名字，但檀馨并不在意这点。当成千上万个居住在香山饭店中的游客真心诚意地赞美饭店的园林时，当人们兴高采烈地谈论这座园林之美、之雅、之秀时，能听到人们发自内心真挚的感谢，作为香山饭店园林的设计师已十分满足与欣慰了，还有什么比人民发自内心的感谢更重要的褒奖吗！

随着时间的推移，优秀园林作品的增多，加之宣传力度的加大，不仅是园林建筑行业、市政府知晓了优秀女园林设计师檀馨，普通民众最终也一定会知晓香山饭店设计大师贝聿铭的得力助手檀馨的名字的。

香山饭店在北京建筑史上具有里程碑式的重大历史意义，是在一个重要历史时期建设的一个重要建筑，而檀馨有幸能为贝聿铭大师锦上添花，并使合作圆满成功，受到社会各界好评，这使檀馨一炮打响，并荣获了北京建筑艺术一等奖。

香山饭店园林设计的成功，不仅让檀馨在园林设计事业上打响了第一炮，确立了重要的行业地位，更让人欣喜的是在广大民众中树立了良好的口碑，而这口碑胜过任何金杯，为檀馨后来的发展开辟了成功之路。

第四章

设计建设陶然亭
华夏名亭园与紫竹院公园筼石园

之前，北京市区有两个公园一直缺少自己的特点与特色，其中一个是"陶然亭公园"，另一个是"紫竹院公园"。这是由于 20 世纪 50 年代初期，在对公园进行初期改造时，国家还十分贫穷，没有足够的投资，另一方面当时也十分缺少园林设计人才，因此这两个公园都缺少总体上的规划设计方案，正因如此，才造成两个公园没有自己的鲜明个性。

改革开放后，到了 1985 年，国家经济上有了明显的好转，可以对这两个位于市区、北京市民经常光顾的公园进行较大规模的投资建设了，而更重要的是北京林业大学园林设计专业毕业的人才也在实践中逐渐成长起来，已经可以肩负起重要的、有较高艺术与文化内涵的园林设计。

陶然亭公园之所以如此取名，是有一段历史故事的。清朝康熙年间，一位官员在此地建了一座亭子，在为这座亭子取名时，想到了唐代大诗人白居易的一句诗句："更待菊黄家酝熟，共君一醉一陶然。"建亭的官员于是取了诗句中"陶然"两字为此亭取了一个具有诗意的雅名——"陶然亭"。

从上面这个故事来看，陶然亭公园是有历史文化传承的，但是仅靠一个亭子无法支撑起整座公园的历史文化。为此，北京市领导做出决定：陶然亭公园要突出亭文化，以亭之美、亭之雅取胜，要表现出中国历史上百亭的规模、风韵与特色。

于是，一些理解力十分机械的设计师，简单地将市领导所说的在陶然亭公园设计建设百亭错误地理解为真的要在公园内建一百个亭子。他们将各式各样的亭子都收集起来，在陶然亭公园一处园林中，在山顶、在山坡、在路旁、在河畔到处都设计了亭子，这让人看上去已经不是一座公园，而是一个规模盛大的园林亭子博览会。

亭子此时已失去了美化、点缀公园人文、风景景观的重要作用，也失去了让游人在游园时走累了，在亭中坐下来休息片刻，观赏一下四周景色或是夏日晴天遮阳、雨天挡雨的功能。这么多亭子堆积在一起，让人感到十分幼稚、可笑，这也离中国亭文化的高雅与高贵相距十分遥远了。

设计刚一开始就步入了完全错误的思路，园林建筑界许多老专家、老学者见到这一设计思路后十分气愤，其中有人将这一情况上告了中央领导同志。一时间北京市领导与北京市园林古建设计院的压力非常之大。

在这种特定的历史情况下，檀馨认识到，不能简单、机械地将市领导所说的建设百亭园林真的理解为就是要在陶然亭公园内设计建设一百座亭子。"一百"在这里只是一个形容量词，就好比人们常说的："我等了你老半天了""百年合美""千里姻缘""千里冰霜、万里雪飘"等。

在这里，"老半天""百年""千里""万里"都具有文学性、艺术性的特定色彩，绝不是科学上的真正的数量。

　　为此，檀馨作为古建设计院的主要设计师，首先纠正了一些设计师对市领导所说的"百亭"概念的错误理解，同时与其他设计师一起走出了一条正确的设计之路。她决定将市领导的指示，因势利导，将亭子作为引子，引出中华民族传承的历史，引出灿烂的中华文化，引出一个个精彩的人文历史故事。

　　由于整个景观区园林定名为"华夏名亭"，因此"华夏名亭园"中的所有亭子必须围绕中华文化与著名亭子做文章，其中有醉翁亭、兰亭等。

　　醉翁亭是中华历史上的一个有名气、有历史人文故事的亭子。

　　历史上的醉翁亭位于安徽滁州琅琊山，北宋年间，欧阳修由朝廷官员贬为滁州太守，他在琅琊山赏景时，智仙和尚为他在半山中建了一个山亭。欧阳修将其起名为"醉翁亭"，而醉翁就是他自己。醉翁亭为四角歇山顶，亭檐大而亭柱细，亭檐有展翅欲飞之势，特别具有美感与活力。在醉翁亭中，有由这位醉翁撰写，并由苏轼镌刻留传后世的《醉翁亭记》。欧阳修用"亭记"表达了自己"寄情于山水之间，同乐于百姓之中"的志向与豪情。

　　陶然公园的醉翁亭前的山石上刻着"醉翁之意不在酒，在乎山水之间也"的名句。这展示出欧阳修虽然喜爱饮酒，但他更喜爱在大自然的山水之间，与百姓同饮山中甘甜泉水的情怀。这是深爱大自然，深爱人民的伟大情怀。"醉翁之意不在酒"这句名言，传承至今，并被现代人广泛应用，成了千古佳句。

　　公园里，由山洞曲径通幽连通的另一个亭子叫作"兰亭"。

　　历史上的兰亭位于绍兴西南的兰渚山，这也是一个有名气、有故事的亭子。"兰亭"两字是清朝康熙皇帝御笔手书的，一个亭子，皇帝能亲笔书写亭名，可见对此亭予以了极高的重视，其历史文脉当数十分厚重与精彩。

与兰亭属于同一景观的是"鹅池碑亭"。而鹅池碑亭与"书圣"王羲之及他的儿子"小圣"王献之两人有着一段历史人文故事：

王羲之很喜欢鹅，也喜欢写"鹅"字，由于写得一手好字，因此，只要为人写一个"鹅"字，就能用一字换来一只鹅。由于王羲之喜欢鹅，因此就在兰亭旁建了一个"鹅池"，并在池中养了鹅。不仅如此，还建了一座鹅池碑亭。亭呈三角形状，独具特色。两根石柱在前端，一根石柱在后。亭中有一个石碑，白底上镌刻着"鹅池"两个黑字，十分醒目。

据传，题写碑亭时，"鹅"字尚未写完，皇帝突然驾到。王羲之连忙前去跪迎皇上，而"鹅"字的剩下部分则由他的儿子王献之代父完成。

一个"鹅"字，两代书法大家共同书写，如此精彩之事，在中国历史上仅此一例，于是，这段历史就被后人传为了佳话。

为了再现书圣王羲之爱鹅的历史，檀馨在设计陶然亭公园中此亭时曾专门设置了几只石雕的鹅，为了保证石雕的鹅的经久性，材料选择了坚硬的花岗岩。

不料，世上任何事物都有其两重性，花岗岩坚硬、耐久是优势，但同时雕刻的难度却大大增加了。鹅的脖子很细，但花岗岩石材不可能雕得太细，太细石材就会断裂。后来虽经再三努力，结果鹅的脖子仍然很粗，看上去已有些不太像鹅了，最终不得不放弃了这几只石雕鹅。这是此次檀馨在陶然亭公园的华夏名亭园景区设计建设中唯一留下的一件憾事。

在设计、建设的几个重点亭子中，还有一个"独醒亭"。

历史上的独醒亭位于湖南汨罗市玉笥山顶屈子祠前，为六面形。亭的四周设有连在一起的长排座椅，六面形一边有多宽，座椅就有多宽，为了让游人在休息时能完全放松，全部座椅还都设置了椅背。

陶然亭公园中的独醒亭亭额上设有两块匾，其中一块由中国文学泰斗、大作家茅盾先生题写，另一块则由中国著名书法大家赵朴初先生题写。

独醒亭也有着自己的历史人文故事：

屈原是战国时期楚国的伟大爱国诗人，他由于遭受谗言，被迫害，放逐到了沅湘，后来因悲愤交夹投入了汨罗江。他生前所著的诗篇《离骚》成了不朽之作，是中华历史文化的瑰宝。

在屈原投江的汨罗江畔，有一座"渡盘亭"，屈原曾在此亭与在江上打鱼的渔父交谈过，因此，后人将此亭改名为"渔父亭"。

之后，人们为了纪念屈原，取屈原《楚辞·渔父》篇中的一句诗词："举世皆浊我独清，众人皆醉我独醒"中的诗意内涵，又将"渔父亭"改名为"独醒亭"。

"举世皆浊我独清，众人皆醉我独醒"这句诗词以其深邃的哲理、高尚的精神、真挚的情感，不知影响、警醒、激励了多少忧国忧民、关注天下兴亡的爱国者与名人志士。在孙中山领导的民主革命中，许多热血青年就是以"举世皆浊我独清，众人皆醉我独醒"来激励自己抛头颅、洒热血，投身推翻清朝封建统治的革命的。

由此可知，屈原的这句名诗，在中国历史上所起到的巨大的精神力量与现实作用是无法估量的。而独醒亭与这句名诗将留存在中国人的现实生活中，并代代相传，直至永恒。

为了让一代爱国大诗人屈原永远与独醒亭以及他的这一名诗紧紧相聚在一起，檀馨在设计一座假山时，将山顶设计成形似屈原的头，山体形似屈原的身，再加上山上建有独醒亭，亭中刻有那句名诗，因此真正实现了将屈原与独醒亭及诗句融为一体的初衷。

在华夏名亭园中，檀馨与同事们还设计、建设了"少陵草堂碑亭""百坡亭""浸月亭""二泉亭""吹台亭""沧浪亭"等十几座亭子。这些名亭都与历史名人有着真实的历史人文故事。

历史上的少陵草堂碑亭位于四川成都西郊浣花溪畔杜甫故居，与唐代大诗人杜甫有故事。杜甫为躲避战乱，在此亭居住并度过了他一生中最重要的五年。在这里刻有杜甫的诗篇《卜居》七律一首。因杜甫曾在唐长安城南的少陵之西居住，且自称为"少陵野老"，因此世人将其称为"杜少陵"，少陵草堂碑亭也因此而得名。

百坡亭与北宋年间的大文学家、大书法家苏轼有关。

南宋太守依据苏轼在《泛颖》中的诗词："散为百东坡，顷刻复在兹"的意境，专门修建了这座百坡亭。

浸月亭则与唐代大诗人白居易有关。

白居易被贬为江州司马后，作了一首著名的长诗《琵琶行》。诗中有"醉不成欢惨将别，别时茫茫江浸月"的诗句。后人取其诗中的"浸月"两字建了浸月亭。

"二泉亭""吹台亭""沧浪亭"也都与中国历史上的名人有着千丝万缕的联系，在此就不一一细述了。

在整个陶然亭公园的华夏名亭园的构思、创意、设计与建设中，檀馨紧紧围绕着从历史名亭引出历史名人，又以历史名人引出历史人文故事，最后实现从历史人文故事引出中华博大深厚的历史文化这条主线，这样就很好地实现了陶然亭公园要突显亭文化的这一设计原则。

在整个华夏名亭园的布局上，檀馨考虑到这些名亭都是从中国名山大川、开阔的原野上仿植过来的，而陶然亭公园中不可能有这样的大山、大江，也不具备开阔的场地，因此，她将山、水与平原都象征性地进行了微缩：原本的大山，在这里就成了一座假山；原本的大江，在这里就成了一条小溪；原本开阔的原野，在这里就成了一个庭院。微缩后的实际效果还是相当不错的。

实践证明，无论是以名亭引名人、引故事、引文化，还是对山水平川进行微缩，檀馨的总体设计思路是非常正确的。因此，当华夏名亭园建成后，不仅受到了业内专家、学者、领导的一致好评，特别重要的是受到了广大北京市民的喜爱与外地旅游者的欢迎。

陶然亭公园的华夏名亭园在受到领导、专业人士、广大游客肯定、喜爱、欢迎的同时，还获得了建设部与北京市颁发的众多的奖项。檀馨个人与北京古建园林设计研究院也都取得了成功与荣耀。

华夏名亭园的成功设计与建设，起到了弘扬中华文化、创新园林事业的目的。

以亭取胜的理念与思路，实现了：

> 名亭求其真，
> 环境写其神。
> 重在陶然意，
> 妙在荟人文。

世人赞颂道：

> 寻仙揽胜何远求，
> 华夏名亭最风流。
> 未饮白翁家酿酒，
> 陶然山水醉悠悠。

在取得陶然亭公园、华夏名亭园设计与建设的成功后，檀馨与北京古建园林设计研究院于第二年又转入了紫竹院公园"筠石园"的设计与建设之中。

紫竹院公园在历史上原本只是一个蓄水用的湖，元朝时所修建的官粮运河从此处经过。

到了清朝，朝廷在此湖的东侧修筑了长河宫，在西侧则修筑了万寿寺行宫，而在湖的北岸有一座福音紫竹禅院，故这里就得名为紫竹院。

中华人民共和国成立前，由于国民党政府的腐败，这里已成为农田，中华人民共和国成立后，1952 年北京市人民政府在这里挖湖堆山，开始了第一次修建。而 1986 年的这一次是政府以较大资金投入的一次大规模的园林建设。

檀馨十分荣幸地承担紫竹院公园这次建设中的筠石园设计重担。

筠石园的总体设计构思是以竹为友，突出竹文化的风韵与特色，要将江南水乡的翠竹之美展示给北方的广大游人。

为此，檀馨在构思、设计中，在面积达七公顷的筠石园里，种植了三十万株翠竹，让游人来到这里好似真的进入了江南水乡的竹林之中。

在筠石园中，檀馨还设计了"竹深荷净""斑竹麓"等十处景观。每一处景观都有自己的主题与特色，让游人实现步移景异，一路走来，一路新鲜；一路赏景，一路得到美的享受；一路前行，一路获得传统文化教育。

筠石园原本是一个公园的花圃，地势十分平坦，但为了实现造景的需要，同时也是为了引长河之水入园，对原地形做了重新设计，形成了山丘与缓坡。对地形的改变既引来了水，更让筠石园显得灵动，富有生气。在这样有生机的土地上造景，景就能变活。

"斑竹麓"这一景观相传有两个十分唯美、感人的爱情故事，两个故事历史年代相近，情节相近，但内容却并不相同。哪个故事更真实，就由读者自己去选择了。

第一个故事：

中国历史上大禹治水的故事是家喻户晓的。大禹有两个美丽的妻子，她俩每年都盼望着大禹在治水时，能抽空回一次家中。

然而大禹将自己的全部身心都放在为百姓治水上，他没有时间回家看望自己的两个妻子。

两个妻子站在山顶上，向丈夫治水的方向遥望，始终不见大禹的身影。她们望眼欲穿，十分伤心，于是难过地掉下了眼泪。两位美丽妻子的眼泪落在了竹子上，点点滴滴，竹子竟然就成了斑竹。

第二个故事：

在尧舜年代，尧见舜是一位德才兼备的好后生，于是便将自己两个心爱、美丽的女儿娥皇与女英嫁给舜为妻。一次舜到江南一带去巡视，来到洞庭湖时，不幸病倒，客死他乡苍梧。

舜的两位妻子登上君山，得知丈夫死于苍梧郊野，万分悲痛，她俩攀竹恸哭，滴滴痛苦的泪水滴在竹子上，后世的斑竹就由此而来。

两位美丽的妻子悲痛欲绝，她俩决心寻夫而去，双双跳入湘江自尽。人们将她俩葬于君山，并在墓前竖立一石碑，上书"君妃二魄芳千古，山竹诸斑泪一人"。

后人为了纪念这两位对爱情忠贞不渝的美丽妻子，以竹林为依托，雕刻了两位相视、相泣而立妻子的石像。

檀馨在"斑竹麓"这一景观中，设计了两位美丽、年轻的中国古代女子，她俩就是第一个故事中大禹的两位美丽的妻子，或是第二个故事中舜的两位美丽的妻子。

两位年轻貌美的妻子头戴着南方的竹斗笠，"竹"字的草书的"⺮"字头，正好形似两个妻子头戴的斗笠，而"竹"字下方的两个

"丨"正好形似两位身材婀娜苗条的年轻女子。这一创意与设计，将"斑竹麓"这一景观中的斑竹，两个与斑竹相关的故事，两个与斑竹相连的女子都巧妙地串联在一起，为"斑竹麓"这一景观增加了人文故事、历史色彩与高尚、纯洁的爱情情操。

斑竹美，与斑竹相联的爱情与人性则更美。

"竹深荷净"是檀馨设计的又一个秀美清新的景观。这里原有两个长方形养鱼池，利用这两个鱼池扩建为一个湖。湖东岸有三米的高差，借此天然优势，用山石堆砌，形成了护岸、壁山、洞穴。

水沿着婉转曲折的山石小渠，顺势而流，水声轻盈，浪花翻腾，美在其中，幽在其间，别有一番风韵与情趣。

在"竹深荷净"这处景观中，除了湖中心堤上保留了一棵大柳树外，"松筠涧"是这里的景中之景。山石之间翠竹与油松交织在一起，互为映衬。墨绿的油松与翠绿的斑竹虽然同为绿色，但枝叶形状不同，所占空间高低有别，绿的色调层次相异，因此，搭配在一起让绿色更有层次、更加丰富、更加艳美。

在"筠石园"中有一个四百多平方米的大体量园林建筑，这就是"友贤山馆"。

在对这个园林与园林建筑群的构思、设计中，檀馨调动了厅轩、游廊、桥廊、曲廊、粉墙洞门、围墙、群体院落、私立小园林、苏州古典宅园、山石、石笋、独石、青石板、壁山石画、竹榭、竹亭、竹桥、芦苇、毛竹等几十种中国古典与现代的造园、造园林建筑的技术、艺术、技巧与手法。这一设计实现了"友贤山馆"是为游人提供休息场所的这一首要功能。让游人在这里休息好后，再让游人感受到，在这里：

环境是那么高雅，

景观是那么丰富，

风光是那么娇艳，

湖光山色是那么旖旎，

建筑空间是那么协调，

厅轩茶社是那么高雅，

苏州宅园是那么幽静，

竹榭竹林是那么秀美，

廊桥水洞是那么别致，

曲廊游廊是那么曲转，

山石是那么奇特，

雕塑是那么真切，

水溪是那么清澈，

造园是那么精巧，

装饰是那么新颖，

壁山石画是那么壮丽，

设计是那么创新。

这一切都浓缩了檀馨对紫竹院公园中筠石园的真情与真爱。檀馨把自己的园林专业知识、经验、智慧、才华与能力都奉献给了筠石园。

北京市区陶然亭公园的华夏名亭园与紫竹院公园的筠石园是檀馨步入中年后，构思、创意、设计并建设的两个具有代表性的园林。

在此外，檀馨还构思、设计并参与建设了"朝阳公园""南馆水景园""人定湖公园""地坛园外园""中关村商务区景观园林"等众多园林，在这里仅举两个很有特点的实例。

第一个项目是北二环路上的"城市公园"。

在这个公园的设计上,檀馨采用了大量有特点、特色的景观植物,实现了以植物造景取胜的设计理念。这个公园的建成,使周边居民、过往行人眼前一亮,倍感新鲜、新颖,不仅形成极佳的口碑,更有现代文学馆馆长舒乙先生满怀激情撰写并发表的一篇赞美文章:《北二环——天上掉下个公园》。

第二个项目是位于昌平的"天寿园墓地"。

能将高雅、宁静的园林艺术巧妙地应用在墓地中,这个墓地才是别具特色的好墓地。檀馨将在法国巴黎参观的拉雪茨公墓艺术雕塑以及欧洲其他国家墓地中的绿色大草坪、小教堂、小喷泉、小天使、天台等引入天寿园墓地的设计中,同时参考了美国烈士墓地中将碑体平置于地——含意是让埋葬于此的烈士与墓碑一起仰天永远凝视着苍穹。

在引入西方文化的同时又将中国传统文化中的一些精华要素也融入了其中。这一墓地设计受到各界高度好评,一些社会名人相继安葬于此。

檀馨的努力给北京市民的游览、休闲、锻炼、团聚以及其他一些特殊需求带来了众多极具创意、美丽、清新并具有各自特色的公园,这是她给北京市民做出的贡献。

而北京与北京市民也给了檀馨大胆施展自己创意、才华与能力的最佳机会与最大信任。

没有北京与北京市民给檀馨的信任与机会,檀馨就不可能成长起来并最终走向成功。

有人对檀馨说,北京感谢你的贡献。

那么,在此,檀馨也要真诚地说:

感谢北京对我的教育与培养;

感谢北京给我实践与提高的机会。

第五章

排除万难开公司

　　香山饭店的一举成功，使檀馨在北京园林古建设计研究院的事业如日中天，达到了顶峰。

　　此时，檀馨已是设计研究院副院长、教授级高级工程师、全国与北京市劳动模范，受到国家与北京市多次嘉奖，是具有突出贡献的专家，享有政府的特殊津贴。可以说，此时檀馨的职位、荣誉、地位、经济收益都已达到了她在古建院的最高点。与此同时，檀馨的年龄正在一年年、一月月、一天天地靠近国家规定的女性法定退休年龄。

　　在檀馨离五十五岁正式退休还差三个月时，她的人生走到了一个十分关键与重大的十字路口上。孔子曰："五十而知天命"，也就是说，人到了五十岁时是最能做到自知之明的。檀馨知道自己的精力十分充沛，思路也十分清晰，即便到了六十岁、七十岁，甚至是年纪再大点也一定会继续不停地工作下去。她也知道依靠自己的才华、能力与经验完全可以独立挑起一番事业，通过自己的勤奋、刻苦与努力能够创办一家自己的公司，从而使自己的人生更丰富、更精彩、更完美、更有意义。因此，在离退休的日子越来越近时，她想辞掉公职，自己开公司干一番事业的想法也越来越强烈了。

就在檀馨想主动找古建设计研究院领导提出辞职的想法之际，院领导却先找她谈了话。院领导正式告诉她，先让她当几个月的院长顾问，然后等老院长、总工程师退休后，由她担任设计院的总工程师，行政级别由副处级提升为正处级，退休年龄可从五十五岁延长至六十岁。

职务升一级、退休年龄延长五年，这对于一般的即将退休的女同志来说可是天大的喜讯，但檀馨当时并未这么考虑。既然决心要开创一家公司自己干，那么一旦正式退了休，一个退休老人的身份与地位将会有质的下降。试想，一个退休老者能与她主动从设计研究院副院长、教授级高级工程师、知名专家的地位上退下来可同日而语吗？既然要干一番事业就要在自己的身价最高的顶峰时离开，带着这个最高的身价、最高的荣誉，开始自己的创业。这样做，她的起步就会有基础，起步也会很高，事业的初创阶段就可以走得更顺一些，成功的概率也就会更高一些。

这实际上是檀馨当时的主要想法。另一个想法是，檀馨对院里的这个安排也并不十分满意。她想，让她先当院长顾问，院长与院领导的年龄都比她大，让她当顾问，她去"顾"谁？又有哪个领导会来"问"她？既不能"顾"，又不会有人"问"，她这个"顾问"又有何用？

于是就在这次院领导与檀馨谈话中，她婉言谢绝了领导先让她当几个月的顾问，然后再当总工的建议。

在那些日子里，檀馨心中十分矛盾，也十分犹豫，她清楚地知道自己已经走到了人生的十字路口上，何去何从已到了关键时刻。

在国有体制下，檀馨当过大学教师、教授、技术员、设计师、高级设计师、室主任、副院长，她已走过了三十年的园林设计人生，已为国家做出了许多突出贡献，取得了很多令人瞩目的业绩。

辞职下海自己开园林设计公司，这对檀馨来说可是一条全新的道路。在这条全新的道路上她会遇到多少困难？多少麻烦？多少艰险？

困难、麻烦与艰险会挡住檀馨前进的步伐、发展的道路吗？会将她压垮吗？檀馨一次次想到了可能会出现、发生的困难，但同时她又一次次想到了事业成功后的喜悦与辉煌。那段日子檀馨就是在这种复杂的心情中迟疑，在忐忑不安中摇摆。

谁能给檀馨一个高瞻远瞩、先知先觉的正确回答？

就在这左右为难、举棋不定的关键时期，有一天檀馨在一家理发店做头发时，偶然从一份顺手得到的《北京晚报》上看到了一幅漫画，上面画着一个观音菩萨，她手里拿着一只玉瓶，有人就问观音菩萨："您为什么不叫身旁的童男、童女来拿这只玉瓶呢？"观音菩萨回答道："求人不如求自己。"

看了这幅漫画，檀馨茅塞顿开，思路豁然开朗："对呀！求人不如求自己。"

谁最了解檀馨？谁最熟知檀馨的创意才华、贡献功绩、绘图水平、构思智慧、公关能力、敬业精神、吃苦能力？是她，是檀馨她自己。要求，就求她自己，要靠，也靠她自己。

想明白了这个道理后，檀馨认真、仔细地回忆了自己在古建设计研究院的经历。她在古建院拉的是大车，每年要为公司创造几百万元利润，如果她自己开一家小公司，只用几个人，拉小车，每年盈利几十万元总是有把握的，这几十万元是足够这家小公司生存与发展的。想到这儿，檀馨终于结束了迟疑与摇摆，坚定了自己的决心，于是，檀馨就将辞掉公职自己开办公司的初步设想首先与她丈夫谈了。

檀馨丈夫在大学中担任过系领导，长期在国有体制下担任公职使他的思想意识已形成了公有制定式，因此当他听到檀馨的想法后，一开始几乎吓了一跳。

檀馨丈夫是一位很有修养的知识分子，他虽然根本不同意檀馨辞掉公职自开公司的想法，但仍然通过讲道理的方式，对她进行认真分析、说服。他对檀馨说，你马上就要退休了，辛辛苦苦工作了一辈子不就等着老了能拿到退休金，安享晚年吗？再说，国家劳模退休金还可以按100%的比例拿取，你另外还有国家的津贴，医疗看病、住院的报销，特别是还有两套单位的公房，你是否想到，你一旦辞职后这些都将全部失去，到那时，你该如何应对？又将如何承受？说实际一些，将如何生活？

最后，丈夫语重心长地对檀馨说道，你的专业水平很高，能力很强，精力也十分充沛，这些都是事实，因此，你开公司是有一定基础的，但是，你就是真的要自己开公司，也一定要等办理了正式退休手续，拿到了退休金之后再干。你有了退休金，有了医保，这些可解除你的后顾之忧。没有了后顾之忧，你再去干自己的事业，保障就会增加许多，而压力则减轻许多。

丈夫有他的道理，檀馨有自己的理由，她给丈夫算了一笔经济账：现在我的工资外加各种津贴、补助一个月是一千多元，那么一年的收入就是一万二千元，十年就是十二万元。凭她的能力、才华、经验与吃苦耐劳的精神，一年挣个十二万元应该不会很难，她一年就可挣回十年的收入，还怕失去现在的工资、津贴、补助吗？就算没有看病的医疗报销，有十多万元一年，自己也能支付得起医疗费用。至于这两套公房，她也认真想了，她为设计院、为国家做了这么多贡献，创造了这么多财富，他们也不会马上收回这两套房子。待她的公司开了几年后，手头有了钱，就可以自己买房子，而将公房还给原单位。檀馨的这一席话，基本上将丈夫说通了。

得到了丈夫的理解后，檀馨的心情轻松了许多。丈夫的理解对她非常重要，俗话说"家和万事兴"，假若连自己最亲近的丈夫、家人都不能理解她、支持她，那么自己开公司就会遇到许多来自内部的阻力与麻烦，这将对她初期的创业十分不利。

做通了丈夫的工作后，檀馨立刻写了一封辞职书，并正式上递给了院领导。不仅递了辞职书，而且从递辞职书这天开始，檀馨就正式不再到单位去上班了。檀馨的这一举动，像一声惊雷在设计研究院炸响，整个设计研究院上上下下一片哗然！

檀馨北京林业大学的老校友、北京园林局老领导、北京市园林局常务副局长张书林知道此事后，出于多年校友、同事之情，关切地对她说："檀馨，再过两个月，到9月份就要调升工资了，你无论如何不能放弃这次机会，即便真要走也一定要等升完工资后再走。"

古建设计研究院的老院长也关心地对檀馨说："我在这里当院长，是你的好帮手，其他许多工程师也是你的得力副手与助手，你一个人出去开创事业，单枪匹马，人单影孤，怎么能行呢？要成就一番事业，没有好帮手，独木难支啊。"

檀馨此番主动要求辞职的举动，在设计研究院的领导层引起了巨大震动。这样一位优秀的同志要求辞职，上级领导必然会认为院领导在领导工作中存在问题，造成檀馨工作不舒心，所以才会提出辞职，因此，此时的院领导感受到了很大的压力。为此，上级领导经过研究，决定将檀馨提升为北京市园林局副总工程师。

此时，一些知心、好心的朋友、同事也对檀馨说，让您担任市局副总工、正处级干部，上级领导已经尽了努力，您应该考虑一下领导的良苦用心，也应该考虑一下自己三十年国有体制下的工龄，不要再走了。

但檀馨此时离意已决，就是让她当局长，她的心也已无法再留下来了。

面对这一僵局，设计研究院领导还是十分智慧的，他们最后想出了一个折中办法，给檀馨办理了内部退休，编制上仍然属于设计研究院管理的正式职工，但檀馨从此可以不用再来上班，可以自由地去做她想做的事情了。

僵局终于打破，矛盾也得到了化解，这样的结局还是很不错的。

但在后来檀馨开办公司的实际运作中，特别是公司开创的初期，还是发生了一些不愉快的事情。但从今天来看，这些都只是历史了，一切的恩恩怨怨都已过去，也都早已消散。在公司后来的发展中，檀馨聘请原单位的领导、工程师前来任顾问、当专家。檀馨车接车送邀请他们来公司开会，参加各种活动。檀馨十年未领退休金，并用自己的退休金请原单位的员工旅游，这些实实在在的举动都使她与原单位领导的关系走向融洽、和谐，现在大家又都成为朋友了。

檀馨放弃设计研究院总工程师一职，离开国有公司，自己开私人公司，在当年，设计研究院从领导到普通员工许多人都想不通。一些人是出于设计研究院本位主义的利益想不通，他们对檀馨自己单干很不理解，认为一个国家干部、共产党员，放弃国家的事业，干私人企业是辜负了国家的培养、党的教育，她的离去使设计研究院少了一个栋梁之材，一位有才华的设计师，这会给设计研究院带来一定的影响与损失，因此，他们想不通并出来反对。

另一些人是看到当时社会上许多自己单干、开店铺、做买卖、办公司的人中，不少人都是被单位开除的，或是从监狱里坐大牢放出来的，他们许多人只有初中、小学文化程度，既无专业知识，也无一技之长，品德、道德也很成问题，国家机关单位肯定是不会录用这些人的，就连社会上一般的单位都不会要他们的，于是为了生存、生活这些人就不得不私人单干。而檀馨的情况却与这些人完全不同，她是国家劳模，是享有国务院特殊津贴有贡献的专家，是国营设计研究院才华横溢、业绩卓著的总工程师、副院长，她正处在自己事业鼎盛时期，放着铁饭碗不用，摆着官路不走，到手的退休金不要，自己偏偏要辞职开公司，这确实很难让人理解，更难让人想通。

由于上述两方面原因，设计研究院中便有人开始对檀馨创办公司进行阻拦，并采取了有组织的行动，个别人的反对形式与方法做得还很不理智，很不磊落大度，甚至完全违背客观规律。

20世纪80年代末，中国改革开放刚起步不久，国家经济整体上还很困难。檀馨的一位小学同学沈凤銮当时正担任文化旅游局副局长，这可是一位非常了不起的女强人。国家财政吃紧，办许多事情都没钱，但有钱要干，没钱想方设法，创造各种条件也要干，就像当年大庆的铁人王进喜，有条件要上，没条件创造条件也要上一样。国家此时非常鼓励和重用有这种能力的干部。

此时文化旅游局要在北京朝阳区外国大使馆较集中、外国人活动较频繁的地区建设并完善国际旅游设施，其中亮马河饭店的屋顶花园建设就是其中的一项内容。要建高档次、高质量的屋顶花园，遇到了两大难题：第一是必须要有能高水平设计国际一流大饭店屋顶花园的设计师，第二是完成这一屋顶花园设计还必须是义务的，国家无钱支付设计费。当时这位沈副局长很快就想到了自己的老同学檀馨。

设计高档大饭店的屋顶花园，从能力上、才华上、经验上来衡量，非檀馨莫属，她可是与世界级著名建筑大师贝聿铭一起共过事，圆满、成功设计了香山饭店的中国知名女园林设计师，但设计这么难度大、档次高的屋顶花园而不支付劳动报酬，檀馨能同意吗？抱着试试看的态度沈副局长找到了檀馨。让沈副局长不曾想到的是，檀馨毫不迟疑地便一口答应了。

在改革开放初期，国家百废待兴，各项建设急需上马，但国家经济上又有困难。国家兴亡，匹夫有责，国家有困难，作为一位党和国家长期培养的设计师，一位正直、爱国的中国知识分子，义无反顾地要将国家的利益放在首位。在这一时期，檀馨为国家、地方与军队许多的园林工程都进行了义务设计，今天老同学求上门来哪有拒之门外不管的道理？于是檀馨便与老同学沈副局长所领导的文化旅游局签订了设计亮马河饭店屋顶花园的合同，花费了自己大量的时间、精力与智力，高水平地设计了这个屋顶花园。

在檀馨的精心设计与认真指导下，这个为亮马河饭店提升艺术品位与文化氛围的屋顶花园建成了，这对提高饭店接待世界各国宾客、游人起到了十分明显的作用。老同学对此万分感激，同时，对她的无私奉献与无偿付出十分愧疚，总感到欠了她许多、许多。

就是这样一件光明正大、无私磊落，应该表扬嘉奖的好事、实事、光彩之事，却被设计研究院的一位中层干部发现并抓住，并从这件事开始大做文章。他以其自己"人无利，不起早"的阴暗心理推测，世上哪有搞这么大的设计不收费、不得经济好处的呢？

在檀馨要离开设计研究院自己开公司的关键时刻，经这位中层干部提出，纪委成立了专案组，并立了案。立案的理由是：这位中层干部发现了檀馨代表设计研究院与文化旅游局签订的设计亮马河饭店屋顶花园的合同，却未发现文化旅游局汇来的任何设计费。设计这么重要高档的屋顶花园，却未见到设计费入账，既然有设计合同却无设计费，那么这笔设计费肯定是被檀馨本人贪污了。

这一立案举动，从品德心态上讲，是典型的"以小人之心，度君子之腹"，从思想意识上分析，是典型的行而上学唯心理论，完全是靠主观想象、判断与推测，在不调查、不走访、不分析的前提下就轻易下结论。

实际上，正确的做法与程序是：纪委干部应该首先到文化旅游局去做全面调查，在完全搞清事情的真相后，再找檀馨进行谈话，当面认真、详细听一下檀馨本人对这件事的陈述，这是纪委干部在立案前起码要进行的工作。这既是对纪检工作严谨、科学的态度，也是对被调查人的人格、社会影响的尊重。

让檀馨非常失望的是，专案组的人开始行动了，他们来到文化旅游局，找到了沈凤銮副局长。沈副局听后勃然大怒！她义正词严地据理说道："在亮马河饭店屋顶花园的设计与建设中，我最对不起的就是我的这位檀馨老同学，她非但未拿一分钱设计费，我就连一顿饭都未请她吃，我一直感到十分对不起我的这位老同学。前几天我刚在香港见到了国际设计大师贝聿铭先生，他还向我提起了檀馨，赞扬了檀馨的才华，感谢了她在香山饭店园林设计上对他的帮助。这样一位有才华、有贡献，得到国际建筑设计大师好评的优秀设计师，你们却要拿出'文革'中整人、治人、害人的那一套来诬陷她，我感到十分气愤！在此，我再说一遍，在亮马河饭店屋顶花园设计中檀馨同志没有拿一分钱设计费。"

让檀馨气愤的是专案组人员在碰了一鼻子灰后并没有收兵，他们感到若这样收兵就无法结案，于是又第二次去找了沈副局长。这次他们在立案结论上写的是："檀馨在亮马河饭店屋顶花园设计中可能未拿设计费。"

文化旅游局沈副局长已经十分明确地告诉专案组檀馨未拿一分钱设计费，但他们还要顽固地坚持"可能未拿设计费"。"可能"这个词就具有"可能是"与"可能不是"两种结果，这同样是对人的重大怀疑与诬陷。对一个人在审查中，组织上得出的结论若是他可能有历史问题，那么光凭这一个"可能"，这个人就很有可能入不了党、参不了军、进不了国家机关、上不了大学、出不了国。

婚姻介绍所或婚姻介绍人若告诉女方，男方可能有肝炎、肾炎、肺结核，女方能同意见面吗？肯定不见；同样的，若告诉男方，女方可能没有生育能力，男方也肯定不会同意见面。因此，"可能"这个词的危害与影响十分巨大。

沈副局长见到专案组关于"檀馨在亮马河饭店屋顶花园设计中可能未拿设计费"的组织结论后，斩钉截铁地厉声说道："我以文化旅游局党委委员的名誉，郑重、明确地告知你们，檀馨同志在亮马河饭店屋顶花园设计中确实未拿一分钱设计费。可能未拿设计费的可能性是根本不存在的！"

面对沈副局长如此坚定的回答，让人未想到的是专案组仍然不死心，他们继续向沈副局长提出了新的怀疑：亮马河饭店是中外合资项目，屋顶花园一定也涉及国外方面，中方未给檀馨设计费，可能外方给了呢？沈副局长立刻回答道，这很简单，外方就在我楼上，你们现在马上就可以当面去问清楚。专案组考虑到自己手中没有任何证据，如果要与外国人打交道肯定行不通，于是才收了兵，最后做出的结论是："檀馨未拿亮马河饭店屋顶花园设计的设计费。"这件事也就这样结束了。

此案刚刚结束，设计研究院新来的书记又做出了阻碍檀馨成立公司的第二步。设计研究院有一位年轻有为的优秀设计师，在檀馨尚未成立公司时，还没有自己的设计许可证，在无设计许可证的情况下，任何面向社会的园林工程设计都属于非法设计。

此时，由于檀馨刚出来自己干，手下非常缺少人才，于是就请这位青年设计师利用业余时间为她做一些园林设计。这一方面增加了这位青年设计师施展才华的机会，另一方面也可让这位有为的年轻人通过自己的劳动增加一些经济收入，既有利于他个人成长，对檀馨也是个帮助，可谓是一举多得。不料，这件事被设计研究院发现了，设计研究院通过整治这位年轻设计师而达到阻挡檀馨创建自己公司的目的。

设计研究院由新书记出面，向建筑、园林工程设计行业的管理机关北京市政府规划局勘探处呈送了一份材料，材料的核心内容是：要给为檀馨进行设计的这位年轻设计师予以行政处分。行政处分的理由有两条：其一，私自搞业余设计；其二，为一个没有设计许可证的私人搞设计，属于是为非法经营的私人搞非法设计。

设计研究院接连的两次行动的目标十分明确，就是要搞臭檀馨，阻止檀馨创建自己的公司。把檀馨搞成经济上的贪污犯，没有设计许可证的非法经营者，若实现了这两个目标，那么还有谁敢再发给檀馨设计许可证，檀馨又怎样能成立自己的公司？即便成立了公司又有谁敢来一个贪污犯领导的公司工作？又有哪个客户敢让一个非法经营的私人公司来为自己搞设计？这两个行动完全属于是釜底抽薪，要彻底断了檀馨的生路。

但令人庆幸的是，他们的这两个目的都没有成功。

这主要是因为到了 1994 年时，随着改革开放的深入，时代潮流正在改变着大多数中国人的思想，人们的思想观念正在发生着深刻且巨大的变化，对于私人开公司、业余搞设计、靠自己本事吃饭，这些被极"左"思潮与'四人帮'扭曲了的浅显道理正在逐渐回归人们的心中。不顾事实的整人、治人、害人，已越来越不得人心。

在这两件事上设计研究院的许多人都认为，一些人成立专案组，立案整檀馨，缺少了对檀馨最基本的信任与认识，犯了十分可笑且幼稚的错误。二十世纪八十年代末九十年代初正是檀馨事业干得非常出色的时期，一项项园林工程、一个个获奖证书、一顶顶荣誉桂冠，使檀馨成为国家与北京市劳模、有突出贡献的专家，享有政府特殊津贴的教授级高工，此时的檀馨正在享受成功与荣誉的喜悦，怎么可能为了一个屋顶花园的设计费而自毁前程呢？再则，了解檀馨的人都知道，她从来没有将钱财看得很重，只要为了国家、为了事业、为了朋友、为了正当的需要，她会毫不犹豫地真心相助、慷慨解囊的。

专案组对檀馨贪污亮马河饭店屋顶花园设计费立案一事最终以事实根本不存在而告终，这样一来，参与此事的人就感到非常被动、非常心虚，于是檀馨就利用了这个大好时机，找到了新来的书记，让他在自己申请自办园林设计公司的报告上盖公章。因为檀馨此时属于内退，还是设计研究院的职工，设计研究院若不同意，她是无法注册开办公司的。

这时新书记对檀馨说，他是因为刚刚调来，因此，亮马河饭店屋顶花园设计费立案一事与他无关。于是，檀馨就顺势对新书记说，既然您是新来，此事与您无关，那您就好事做到底，帮着盖个公章。于是新书记在被檀馨的话打动，为她盖了公章。

这个公章对檀馨的意义可是非同小可，若没有这个公章，檀馨的公司就根本开不成，公司开不成，日后的发展与成功也就无从谈起。

在接下来的批准设计许可证一事上，一是当时改革开放的大环境已促使私人自办公司成为一件十分正常正当之事，既合政策，也合潮流。二是市政府规划局勘探处的领导与许多同志都对檀馨很了解，他们说，檀馨虽然没有设计许可证，但她的实际设计水平比一些有甲级设计许可证的设计单位还要好。檀馨让设计研究院青年设计师利用业余时间，在无设计许可证情况下搞设计一事的处分，也并未对檀馨申请设计证产生很大的阻力。勘探处的同志们对檀馨的能力与为人实在是太了解了，于是他们越过丙级，破格直接批准并发给了檀馨乙级设计许可证。这个乙级设计许可证中包含了勘探处、规划局各级领导与同志们，市政府的领导对檀馨的信任、关心与厚爱，檀馨对此心中十分感动，暗自立下志向，一定要干出一番成就，一定要让公司发展成长起来，也一定要为北京市与国家做出贡献。

实际上檀馨从设计研究院离开，对该院既有所失，也有所得，任何事物都有其两重性，悲中有喜，喜中有悲。坏事中存在好事的成因，好事中也潜藏着坏事的因素，这是完全合乎唯物辩证法的。

檀馨离开设计研究院，对该院有两方面的好处：

其一，由于檀馨在设计研究院身兼多职，又享受了许多荣誉，她一离开，这些职位、职称、荣誉都可以被设计研究院更多有能力的人分享，这对培养年轻人，调动更多人的工作积极性是大有好处的，对设计研究院的发展也是十分有利的。

其二，檀馨新成立的这个园林设计公司也可与设计研究院形成竞争形势，这会促进设计研究院在竞争中加强企业管理，重视并培养人才，更好、更快地发展。

就这样，就在檀馨将近五十五岁时，面对自己步入人生十字路口时，她以孔子"五十而知天命"的圣人千古名言与"求人不如求自己"的醒世警言为座右铭，认真审视、研究、分析了自己方方面面的综合情况，从而确立了自己不适合，也不应该走仕途的决策，坚定、勇敢、果断地克服种种困难与阻力，选择了一条全面、综合发挥自己才能的道路，这条道路就是完全由自己开办并挑起一家园林设计公司。

在这家公司中要充分展示并逐步提升檀馨担任董事长后全方位的智慧与才能，要充分传承和发扬，特别是改进、提升自己在三十年国有体制下的智慧与才能：

对各种地域地形、文化内涵、艺术品位、人文历史、民俗民情、风格风采的园林进行规划与园林设计的智慧与才能；

对外联络、公关、谈判、竞标、宣传的智慧与才能；

国有企业中财务、采购、供应、销售与经营管理的智慧与才能；

国有企业技术骨干与业务主力引进与自我培养、企业职工的凝聚力与团队精神进行培育与形成的智慧与才能；

对企业员工的工资、福利与激励机制，企业的行政管理制度与纪律的科学制定与实施的智慧与才能。

国有企业有其优势，但也有其弊病，必须扬长避短，传承和发扬国有企业中的优势，克服弊端，利用和发扬民营企业管理决策、录取聘用、职务安排、职位升降、收入分配、物质奖励上的自主性、独立性与灵活性，扬民营企业之长，才能将民营企业做好、做强。

这一切说起来简单，做起来将是十分艰难的，这将对檀馨五十五岁后的人生形成十分现实和严峻的考验！

后来公司成长、发展的事实证明，檀馨经受了考验，向社会、向自己创办的公司、向公司全体员工，也向自己，特别是向自己后三十年园林设计人生，上交了一份令方方面面都满意的高水平的答卷！

这份内涵丰富的答卷已书写在北京与全国许多城市园林与公园中；

书写在中国园林界人士的记忆里；

书写在全体公司员工的心中；

更书写在檀馨传奇的园林人生的历史里。

第二部
后三十年民营体制下的
园林人生再创辉煌

第六章

开创具有自己特色的经营之路

檀馨辞去古建设计研究院副院长、总工程师职位后，自创公司的前期先在国安园林设计公司担任经理，这是一家子公司，经济上独立核算。由于不久遇上国家经济上的紧缩政策，因此度过了非常困难的一年。最艰难时员工每月只有五百元工资，檀馨本人也只比员工多拿两百元，公司账面上也只剩下几万元，但檀馨这个人最大的一个特点就是不怕困难，喜欢迎难而上。

檀馨在担任副院长、总工程师时，待人十分真诚实在，平日里开发商有什么困难、麻烦，只要自己力所能及都会尽力予以帮助，决不推辞，更是从来不做当面一口答应，实际上拖着不办的虚伪之事。为此，她以自己的实在做事、诚信做人在这个行业的圈子里交了许多朋友。

真正的朋友就是要在患难中见真情。檀馨交的许多业内朋友，此时都在檀馨最困难之时纷纷伸出援手，真诚相助、慷慨解囊。檀馨平日乐于助人、广结善缘，在这次初创公司尚不具备抵御风险能力的关键时刻，应了中国人的善有善报的信条，她以自己平日的善举，获得了善报，闯过了公司初创时最严峻的一次难关，避免了公司刚刚起步就夭折的厄运。

在极其艰难的初创时期，在朋友们的真诚相助下，檀馨闯过刚开公司遇到的第一次难关后，公司发展得还不错。之后，檀馨很快由先期的国安园林设计公司发展到建设部中外园林建设公司，再之后又正式定名为北京创新景观园林设计有限责任公司，这个公司名称沿用至今。

檀馨是从一位资深园林设计师起家开办设计公司的，因此，她深知要让设计公司尽快发展起来，必须要有一支一流的设计队伍。而这支优秀的设计队伍一定要有几位优秀、出色的设计师骨干，并由他们挑起大梁，同时还要有一批有朝气、有理想的年轻设计师围绕在骨干周围，形成几个能独立设计、独立完成园林工程项目的设计小组。

一个科学合理的人才队伍是成梯队形的，既要有骨干人才，也要有一般员工。对于骨干人才，不仅充分信任他们，予以重任，让他们展示自己的才华，为公司做出贡献，还要在业务上帮助他们，生活上关心他们，在经济分配上也坚决执行多劳多得，有重大贡献就要重奖的原则。檀馨在刚挣得二十多万元时，就用这笔仅有的利润，给两位设计骨干各买了一套房子，而此时她自己一家老小还挤在一套不大的公房中。之后又挣了一些钱，檀馨又给这两位骨干一人买了一辆轿车。檀馨的原则是办"公司"就要先"公"后"司"（"私"）。为此，檀馨让对公司做出突出业绩的员工先买房、买车，这样员工对公司就会有极强的凝聚力，工作就会更积极、更主动、更具有创造性。

前面提到的那位原来与檀馨同在古建园林设计研究院工作的青年设计师，就是一位画得一手好图、很有才气的业务尖子，他由于平日不会恭维领导，同时又用业余时间为檀馨公司搞了园林设计，因此受了园林设计研究院的处分。檀馨成立公司后就将他聘任进公司，并委以重任，他后来为公司的发展做出了很多贡献。

当然，骨干、尖子只是极少数人，檀馨一个小公司在初创阶段不可能得到许多一流人才，更多的年轻设计师是檀馨从刚刚走出大学的优秀毕业生中挑选的。他们虽然学业优异，人也很聪明，但在刚进公司时还没有任何工作经验，许多人不会独立画图，也不具备独立构思、策划、创意、设计的能力，一切都要由檀馨来引导，有时甚至是手把手地教，但让檀馨振奋的是这些年轻人都很要强、很努力、很好学。通过公司制定的学习计划，年轻设计师们都进行了有针对性的学习，特别是在实际工作中边摸索、边锻炼、边学习，这使他们的实际设计能力提高得很快。到现在，这些年轻人已成为教授、高工及工程师，其中有些人还成长为新一代的业务骨干。他们在带领设计小组独自承包园林工程设计项目中，领导出色，业务熟练，尽心敬业，多次立功，已为公司的成长、发展与壮大做出了众多业绩与突出贡献。

当檀馨看到年轻人从最简单的设计图纸都不知如何下笔，到现在能独立画出高难度、高水平，甚至让客户眼睛一亮的园林设计图时，她深感欣慰，甚至应该说是万分的激动。因为这些年轻设计师都是她用自己的专业知识、她的丰富经验、她的绘图手法、她的创意优势，一点点教出来的。他们学到了能够用于实际园林设计的真本事，他们成长了、成熟了，公司也就有了发展的基础与资本。

一位记者在采访檀馨时，有两个让他十分震撼与吃惊的地方：

一个是"公司"先"公"后"司"（"私"），公司赚了钱，先让公司的员工买房、买车，老总自己之后再买房、买车，真正实现了先"公"后"私"。

另一个是由老总亲自手把手教刚大学毕业的年轻设计师画图，一点点教，用真心、真情，毫无保留地传帮带。

这位记者十分感慨地表述道：能做到上面两点，只有像檀馨这样在国家机关受过多年教育的共产党员、国家干部、高级知识分子的老总才能想到并做到，这实属罕见。一位德高望重、事业有成的高级女知识分子，五十多岁时主动辞去公职，让员工先买房买车并亲自培养员工，这两件极其特殊的事同时发生在檀馨一人身上，说明她确实是一位不同寻常的人。正因为檀馨是一位不同寻常的人，才走出了一条不同寻常的路，干出了不同寻常的业绩。

公司有了一支优秀的人才队伍，到社会上去承揽园林工程就有了实力，在与客户谈判、竞标中也有了资本。

虽然公司有了一定的实力与资本，但在公司刚开始承揽工程时，檀馨还是特意避开了北京市场，因为，在北京有她许多熟悉的老同行、老同事，为了避免老同行、老同事在公司刚起步时就与她发生冲突，因此檀馨将目光投向了石家庄、苏州、内蒙古等地。

1994 年，檀馨获得了一个重要信息：石家庄市要投资建设一个高水平的公园，名为"石家庄水上公园"，于是她立刻带上设计图奔向石家庄竞标。

到了石家庄才发现，想揽这项设计工程的强手如云，北京、上海、天津、沈阳、苏州，国内有实力的拥有甲级设计许可证的资深园林设计院都齐聚石家庄，各家设计院都亮出自己的绝活儿，拿出了看家的本事，立体模型、三维影像、电脑光盘，各种最先进的演示方法都被带到了竞标现场。而檀馨的创新园林公司却是一家只有乙级设计资质的设计公司，论设计资质档次，在硬性指标上就首先低人一等，此外在先进演示手段上创新园林公司也不具备与资深大设计院一争高下的实力。可以说檀馨这个初创的设计公司的弱势是很明显的。

但创新园林公司虽然没有甲级设计资质，但已有了一流的设计人才，有檀馨这位资深设计师丰富的设计实践经验，还有公司员工团结一心、自觉肯干的干劲，这是他们的第一个优势。

他们真心想客户所想，急客户所急，解客户所难，关心客户存在的实际困难与问题，一心一意要让客户在有限的资金投入中建成让方方面面都满意的公园。他们能与客户换位思考，将自己的感情、立场、心情都放在客户的角度上，为客户分忧，这样就会赢得客户的信任。这是他们第二个十分重要的优势。

他们向客户分析了石家庄水上公园的分布、分区、构图、空间、色彩，这些园林设计的专业术语客户并不很懂，但从中客户确实感到他们非常专业、很有学识、极有品位。

客户甲方政府实施这项工程的官员是非常务实的，客户首先考虑的是自己有多少资金，在有限的资金里要尽量办最漂亮、最光彩的事，这是事情的根本。为此客户更关心的是水上公园的造价，以及用这个造价是否能建造出媲美全国一流公园的公园。

当檀馨讲完设计方案后，甲方客户立刻问，按照您的设计方案需要多少投资？

檀馨回答说，需要五千万元。

客户听后立刻十分兴奋地站起来，并脱口而出道，我们刚好就准备了五千万元。客户接着非常关心地问道，用五千万元设计建设的石家庄水上公园能达到北京哪个公园的水平？

檀馨告诉客户，北京的人定湖公园是她设计的，占地一千亩，投资一千万元，建成后很受各界喜爱，并获得了北京市的一等奖。石家庄水上公园占地六千亩，但其中有一个很大的水面，投资会多一些，但只需投资五千万元也就够了。

客户听了十分高兴地说，北京的人定湖公园我们看见过，很漂亮、很有档次，在北京是一流的。只要用五千万元就能设计建造出国内一流的公园，我们对此非常满意。

创新园林公司提出的石家庄水上公园造价与客户实际承受能力相符，公园水平、档次、质量又有已建成的人定湖公园为样板，这很让客户放心、满意。双方找到了合作关键点，于是大家都情不自禁地站起身，鼓起掌来。

此时，在会场外的其他设计公司，预感到创新园林公司可能会入围，都十分焦急。在创新园林公司之后，檀馨原来任职的北京园林古建设计研究院进入了会场，并向客户展示了他们的设计方案。这个方案很先进、很全面，水上娱乐、水上文化应有尽有，但造价高达一亿多元。一个中等城市，五千万元已是尽了很大努力，十分不易，一亿多元，设计再好，客户也是不会考虑的。于是创新园林公司战胜了其他几家甲级园林设计院，与另一家天津设计院一起入围。

创新园林公司与天津设计院的两个设计方案，最终只能取一个，竞争压力仍然非常大，而且最后这个对手很有实力，是个十分强劲的对手。

就在这最后关头，最让檀馨担心的情况出现了：在最终决定天津设计院与创新园林公司的方案究竟采用哪一家的评选会上，石家庄市市长参加了，他将对最后的决策起到十分重要的决定性作用，而这位市长恰恰是天津大学毕业的，他会不会对天津情有独钟，自觉或不自觉地认为天津设计院的设计方案比创新园林公司的好呢？此时此刻，檀馨的心情格外紧张。

就在这种十分微妙的情况下，石家庄市市长开始审查创新园林公司的设计图了。

画设计效果图是檀馨最大优势。檀馨与她领导的设计团队所画的设计小品的效果图，画得非常精彩、生动立体、色彩艳丽、栩栩如生，给人留下强烈、美好的视觉冲击，真有如入其境的感受与效果。正是这些活灵活现、美不胜收的效果图深深地打动并征服了这位市长，他对身边的其他同志说："我看北京这家设计公司的设计方案很不错，你们大家看呢？"其他同志也都表达了同样的意见，于是最终创新园林公司战胜了所有甲级竞标设计院，脱颖而出，取得胜利，成了石家庄水上公园的设计工程承包乙方。

檀馨这个人一生不怕困难，十分喜欢体验通过各种努力去与困难较量的过程，更是特别喜欢体会战胜困难、赢得成功后的那份激情与惊喜。今天这种与困难较量的过程，以及成功后的喜悦都让檀馨享受到了，她感到非常欣慰。

檀馨的一位朋友后来曾对她说，石家庄水上公园竞标的成功，正是您"知己知彼、扬长避短、以弱胜强"，将自己公司的优势发挥到极致的一个非常经典的实例，这个经典实例应该永远载入您创办园林景观设计公司的传奇发展史中。只有用文字与照片记录下来才能告知你们公司现在的员工，以及未来的员工，并对他们起到鼓励与激励的重要作用。不仅对本公司的员工，就是对其他园林设计企业，整个园林行业与整个社会也将会起到有益的作用，可以让当代人与后代人学习前人的这种精神，更好地前行。

朋友的话引起了檀馨的重视与认真的思考，一定要给园林界、给当代人与后人留下一些自己园林设计人生的经历、经验与感悟。檀馨感到这已不仅仅是她个人的事情了，对公司、对园林界、对社会、对当代年轻人以及后人都会很有意义的。因此，她决定要在此将一些经典实例，精中选精，呈现出来。

1995年，位于苏州的中国华新投资公司承接了建设"苏州农林大世界"的项目。苏州、上海与农学院的几家园林设计院的设计方案都不能让华新投资公司董事长满意，于是该公司总经理肩负重任，带领助手专程来到北京，寻找能让他们满意的优秀设计院。总经理一行一连走访了北京许多家园林设计院，所到之处的国营设计院都是照章办事、统一的程序，先填表，表上要先填写什么单位，要设计什么工程、多大面积、多少投资，然后就是要求客户先交几百万元的订金。

在客户尚未看到你的设计水平与能力时，就要求人家先交订金，这就是国营设计公司在其体制下长期形成的模式，似乎并没有什么错，更没有什么应该指责的地方。

但这个程序却很难让许多客户接受，华新投资公司就是其中的一个。他们对北京多家设计公司先填表、交订金，而不谈设计能力、水平与初步设计设想的流程十分失望，于是买了飞机票准备晚上飞回苏州。正在这时，有人告诉他们，北京还有一家创新景观园林设计公司很优秀，你们可以前去看看。于是总经理与助手于下午四五点钟急匆匆赶到了公司，出乎他们所料的是走进创新园林公司后，公司既没让他们填表，也未收他们的订金，这让他们感到非常意外。

更让他们吃惊的是，檀馨在了解了他们建造苏州农林大世界的意图后，立刻将她对苏州农林大世界的认识、理解、设想、创意、构思、定位都全盘谈了出来，还将自己出国在欧洲、澳大利亚、亚洲各国亲眼看见的异国园林风光绘声绘色地描绘了一番，甚至还侃侃而谈了她所了解的非洲风光。广博的国际视野、丰富的园林知识、资深的园林设计经验，使她谈话生动、语言精彩、内容充实、极具感染力。

正当客户感到茅塞顿开、豁然开朗时，檀馨又将她的思绪从世界引回了中国，引到了公司所在的北京人定湖公园。她对客户说，远在世界各国的园林你们看不见，可这个人定湖公园就是我设计的，它浓缩了欧洲意大利与法国的景观特色与园林风格，世界各国都有本国美好的园林景观，要是在你们的苏州农林大世界中将世界各国最精彩、最美妙的精华都汇聚于一园，那将成为全球最美的园林之一。檀馨的这一席话深深打动了客户，他们立刻退掉当晚的飞机票，决定要与檀馨进行深入细谈。

熟悉世界园林，并在国内园林界享有盛誉，又有身旁看得见的高水平的人定湖公园的设计实例，不用先填表、先交押金，全盘将设计方案毫无保留地托出，这些想得比客户还深、还多、还全、还实际的良苦用心，使檀馨已经在心理与现实上征服了客户。

前来的客户总经理十分欣喜，他实实在在体会了一回"踏破铁鞋无觅处，得来毫不费功夫"的滋味，于是他立刻决定，请檀馨尽快拿出一个设计方案，并带上方案飞往苏州，由华新投资公司董事长审阅。

于是，檀馨与助手们日夜加班，用不到一周的时间就完成了设计方案图纸，并与助手一起带上图纸立刻飞往苏州。在苏州华新投资公司会议室召开了一个北京设计方案审评会，华新投资公司董事长、总经理，苏州、上海几家园林设计公司的相关人员也参加了审评会。

让檀馨万万没有想到的是，审评会很快就变成了批判会。批判的主要内容是，北京的设计方案脱离实际，北京的设计方案与现场实地完全不相符。南方这几家设计院齐声否定北京创新园林的设计方案的目的，是想再次推出自己的设计方案，然而他们的设计方案早已被华新投资公司否决，再采用是不可能的。

正在檀馨与助手们十分焦急之时，华新投资公司董事长站出来表了态：北京的设计方案总体上是好的，是有创意的。要说脱离实际、脱离现场，这是因为他们没有条件来到现场实地考察，我们也未给他们提供现场地形、地貌、人文、历史的任何文字与影像资料。解决这个问题并不难，他们现在已来到了苏州，只要到现场去考察一下，相信问题就会迎刃而解。

华新投资公司董事长的表态，使檀馨及助手们大受鼓舞。檀馨立刻与助手们到现场进行了认真、仔细的考察，当晚，大家顾不得连日赶图纸的辛苦与旅途的疲劳，挑灯夜战，用整整一个通宵画出了总平面图、分区图与道路细则图等三四张零号大图。这可是展示真才实学、真功夫、真本事的重要平台，是当场考试、当场检验、当场打分、当场见高低的一场硬仗。时间仅一个晚上，是骡子是马，拉出来遛遛，真的假不了，假的真不了。让人欣喜的是，檀馨与助手们经受了考验，用自己的真才实学拿出了适合当地地形、地貌、环境、气候、人文、文化且出神入化、高水平的设计图。

苏州农林大世界的设计方案与设计图得到华新投资公司董事长的首肯，于是双方很快便签订了设计项目合同书。

设计项目合同书签订后近一年，创新园林公司已完成了大量设计工作，正当大家在全身心地努力工作时突然接到华新投资公司的通知，告知他们要将苏州农林大世界的设计单位改由上海一家园林设计院来继续进行，并决定终止与创新园林公司的合作，但之前的设计费一切照付。

创新园林公司与华新投资公司是签订了正式合同的，这显然是单方面的违约行为。可是当时还处于改革初期，当地市场还很不规范，竞争的无序、不规范、不懂法、不讲法的现象十分普遍。许多人为因素、人情关系都可以左右一个正当、正常的工程项目。华新投资公司董事长的一位亲人，与上海园林界的老前辈，一位在园林行业很有影响的人物是老同学。亲情、人情、感情在当时甚至能超越法律、法规。

那时，当地的地方观念、家乡概念也还相当重，上海园林圈内的一些人认为，上海离苏州这么近，而且在园林设计水平与经验上也是一流的，别的不说，就单从地域优势来说，苏州农林大世界这个项目也应该由上海来设计并施工完成，为什么要舍近求远到北京去请人设计呢？为什么这么好的园林工程自家人不做，要肥水灌了外人田呢？

创新园林公司的员工们当时非常气愤：他们凭什么单方面不履行合同？合同书是有法律保障的，他们单方面不履行合同是违法的，我们完全可以通过法律手段讨回公道。

这时，甲方华新投资公司将上海园林设计院、有关园林施工公司、上海的园林专家学者都请到了苏州，在苏州宾馆举办了一个欢迎宴会。而创新园林公司的离去不但没有欢送宴会，就连食堂也未给他们再供应饭菜。面对如此不公，公司的一些年轻设计师再也承受不住了，他们感到很受侮辱，很是灰心。

檀馨不仅是公司的领导，还是一位经过大风大浪，见过世面，有着丰富经验的长者，面对甲方如此不公正、不公平地对待创新园林公司，面对承受的屈辱，檀馨坚定地站起身，对年轻设计师们说："立刻跟我走，打两辆出租汽车，咱们也到苏州宾馆赴宴去。"

此时，有年轻设计师对檀馨说："可是华新投资公司并没有邀请我们呀，我们能不请自到吗？"

檀馨对年轻设计师们说："不用怕，甲方不请，咱们自到，也没什么不对的。他们违约已是理亏，现在又这么不公平地对待咱们。咱们尽心尽力、认真仔细地干了这么多工作，现在甲方要让咱们走了，临走请吃顿饭也是很合情很合理的事。再则，我们与上海的同行原本也没什么矛盾，大家坐在一起吃顿饭、说说话，也没什么不合适的。"

于是，檀馨带着年轻设计师们径直来到了苏州宾馆。刚进门时，华新投资公司的人有些紧张，他们很怕北京与上海两家设计公司争吵起来，而实际情况完全不同于他们的担心。

当檀馨走进宴会厅时，看到主宾席上全是在上海园林界的老朋友、老同事、老同学，大家握手后谈天说地，就是不谈苏州农林大世界园林工程。檀馨手下的其他年轻设计师们也纷纷融入其他席中吃了起来。大家谈笑风生、开怀畅饮，酒足饭饱之后便扬长而去。

檀馨不请自到参加宴会这已是第二次了，这个勇气也是闯出来的。在北京就有过一次。那一次是北京园林设计研究院开全国性会议，在举行宴会时，院长考虑到檀馨在园林界有很高的声望与影响，怕檀馨的威望超过他，于是就未让她参加。

实际上檀馨身为副院长，出席这种场合，与老朋友加深一些感情，再多结识一些新朋友，对园林设计研究院的发展是大有好处的。考虑到参加宴会是有利于设计研究院的工作，完全是出于公心，于是檀馨就心安理得、不请自到地参加了这个宴会。

檀馨带领手下年轻设计师们不请自到赴宴后，她一方面告诉年轻设计师们，最后一点未做完的工作一定要高标准地完成得更好，要做到认真负责、善始善终。另一方面，她独自一人来到甲方华新投资公司董事长办公室，认真并充满自信地对华新投资公司董事长说，苏州农林大世界园林工程上海设计院若是干不下去了，您可以请我们回来再干，我们会以工程为重，是不计前嫌的，我深信这个工程是离不开我们的，我们迟早还是会再回来的。

华新投资公司董事长听后深感意外，北京来的这位园林设计女专家怎么如此与众不同呢？先是不请自到来赴宴，后是先知先觉预言这项工程还要请他们回来完成，对此这位甲方董事长深感疑惑不解。

后来事情的发展果真不出檀馨的预料，进入三月份，苏州农林大世界园林工程的东半部要开始植树了，但此时才发现上海来的设计师还未完成园林设计图纸。此时西半部的园林已按照由北京设计师设计的图纸将树木种好，花卉栽完，园林施工也已高标准完成。面对东半部一大片空地，且因无图纸无法种树并施工，这下子可急坏了甲方的董事长，春天不能将树木种植上，这一耽误可就是一年，这个工程的大老板是新加坡人，这样一来误了工期就无法向大老板交代了。

甲方董事长对更换设计公司一事是知道的，但他并不清楚上海设计师们平日家在上海，往返于苏州与上海之间，路途要消耗时间，春节放假期间上海设计师也并未为赶工期而加班搞设计，设计项目到手后他们并没有高度重视、万分珍惜。此外，在分配制度上也是干多干少一个样，没有形成奖勤罚懒的机制。

而北京来的设计师，他们的公司与家虽远在千里之外，但他们住在工地，吃在工地，工作在工地，心也在工地，他们不分节假日，也没有明确的八小时上班概念，二十四小时中，除了去掉必需的睡眠、吃饭等时间，大家全身心地将时间与精力都扑在工作上。除了员工的觉悟、信念、敬业与职业道德外，公司的多劳多得、奖罚分明的激励机制，也起到了激励员工工作热情与积极性的重要作用。

北京与上海的设计公司在同一园林工程项目中两相对比，工作态度、敬业精神、服务意识、时间观念已是泾渭分明。面对事实上存在的差距，面对已被耽误了的工期，甲方董事长做出了将北京设计公司再次请回来的决定。

人们常说"请神容易送神难"，但今天却是"送神不难请神难"。华新投资公司违背合同，送北京设计公司走时，北京设计公司申明大义，不告不闹，和和气气离去，华新投资公司送神并未遇到难处。但华新投资公司现在再要将北京设计公司请回来可就困难了——难并未难在北京设计公司这边，因为北京设计公司临走时就明确表态，为了华新投资公司的苏州农林大世界工程，他们会不计前嫌，随时回来再干。现在问题难在如何将上海公司请走。虽然上海公司耽误了施工工期，但并没有充足理由证明他们的设计水平是不如北京的，这就使得将他们"请"走变得十分困难。

于是，华新投资公司想出了一个办法，他们组织了一个评比会，将北京与上海两家园林设计公司的设计方案图纸公布出来，然后请来全国园林设计方面有名望、有地位的专家、学者、教授、设计师，让这些业内权威人士共同做出评判，权威们说哪家好就用哪家。

来自全国的园林专家们很快就汇聚一堂，他们中许多人都是檀馨的校友或是一起共过事的老同事，对檀馨的才华、经历、为人实在是太清楚、太了解了。专家们看了北京、上海两家设计公司的设计方案图后，纷纷表示，这件原本很顺、很简单的事让甲方华新投资公司给搞乱、搞复杂了，从设计方案图来看，北京的方案明显优于上海。就这样，在召开了这次园林专家评比会后，创新园林公司又被请了回来。

当创新园林公司再次回到苏州农林大世界工程工地时，华新投资公司董事长问檀馨："您真是先知先觉，料事如神。您当初临走时为什么这么有把握地说你们一定还会再回来呢？您怎么就这么自信，说得这么准呢？您有什么镇山法宝使您有底气做这样的预料？"

檀馨回答他说，据我所知，在国内能够高水平设计出苏州农林大世界这样面向世界并吸纳世界园林风采、特色的大型工程的园林设计师只有三位，除我之外，上海园林设计院院长就是一位，但他人在上海，不可能像我一样腾出时间住在苏州工地上。他最多只能派出助手前来此地，他的助手无论从哪方面说都不可替代他本人亲身亲历的效果。而我现在已具备了一支优秀、敬业、高水平、服务意识强、吃苦耐劳的设计队伍，这就是我敢说一定还会再回来这样硬话的理由与实力。

这项园林工程后来在实施中，由于遇上了全国经济紧缩，工程中途下马了，甲方欠了创新园林公司三十六万元设计费，他们说无钱支付，要以价值三十六万元的树苗顶设计费。

檀馨经过思考后对员工们说，甲方一点没钱，支付不出钱是不真实的，但人家目前不愿支付设计费必有其难处，我们不用相逼。至于用价值三十六万元的树苗来顶设计费，这也不现实，我们不可能腾出人力、物力、精力再去苗木市场上出卖这么数量巨大的树苗，因此我决定放弃这三十六万元设计费。

对此，一些员工表示很想不通，说檀馨太慷慨。但她对员工们说，我相信，善有善报，好心、好人、做好事，一定会得到好报的。

后来事情的发展也应了檀馨当时的话，华新投资公司后来在北京承接了奥林匹克社区花园等园林工程项目，他们第一个就找到了创新园林公司，并让园林公司负责设计，并在设计费上也给得很优厚，这是在回报创新园林公司。

从这一实例中，檀馨认识到，要想事业成功，除了才华、智慧、敬业与胆识外，心怀博大、慈善助人，也是成功的一个重要因素。应该说，这个经典实例，对人们在社会上如何做人、做事，具有一定的启迪作用。

檀馨设计建设的经典园林实例一个接一个：

这个实例发生在内蒙古鄂尔多斯市。在鄂尔多斯市由于檀馨的长期努力，做了许多成功的园林工程，打下了很好的基础。因此，到2007年时，创新园林公司不仅站稳了当地的园林设计市场，还给当地市领导、各相关单位与广大市民留下了极好的印象。当地政府领导，在园林设计建设中一遇到难题，就会立刻想到檀馨，并请她前去解难。

这次，檀馨又接到了鄂尔多斯市领导的电话，她立刻带上助手飞往鄂尔多斯市，下了飞机马上直奔现场。

原来该市新建了一个飞机场，新机场马上就要剪彩了，但在接近新机场入口处的一条公路两旁，当地绿化部门的设计师由于缺少经验，在公路两侧各栽种了三排国槐树，密密麻麻的三排国槐树，将远山上的油松、灌木等美丽的园林景观完全遮挡住了。坐在汽车里，向公路两侧遥望远山的美景，原本应该是一种极好的视觉享受，然而现在远景却什么也看不见了。

市长有心将国槐树全拔掉，但这样做费工、费力、费时，而且一旦国槐树死去，损失实在太大。另一方面，对设计师与栽种国槐树的园林职工的热情与积极性也是一个很大的打击。市长与其他领导感到左右为难，而新机场的剪彩日期却一天天临近，这真把市长与几位相关领导给急坏了。

这从表面上看确实是一个非常棘手的难题，在这么短的时间内要彻底解决这一难题，檀馨并没有什么神奇的力量，也没有什么奇思妙想，但她依靠园林专业知识、园林艺术审美观与设计透视学将公路两侧种植的三排国槐树，每隔五十米距离拔掉一些，将这些拔掉的国槐树以间隔五十米的距离种到后面，形成四排，而被拔掉的区域就留下了一个敞开的视野，从这个敞开的区域空间可以一清二楚地看到远山与山上的植物景观。于是坐在行驶在公路上的汽车里，向公路左右两侧观望，远山的美景时隐时现，与近端的国槐树交替出现，给人留下了远近交错、闪现变化的立体空间美。

当市长与其他领导亲历了这一视觉效果后，非常高兴。这不仅保住了大量的国槐树，还创造了一个全新的观景视觉环境，这真是一个既省事、省钱、省时，又能解决实际问题的好办法。

事隔许多年后，檀馨又遇到了这位市长，他对檀馨说，您当时的那个办法又好、又妙、又实际，真是解决了大问题。

檀馨很有感触地说，我就帮助市领导解决了这么一个难题，人家市领导每天要处理这么多事情，但这件事却一直挂在他的心中，事隔许多年后还记得如此清晰。

人与人之间的信任，就是通过许多具体的事情建立起来的。

不久，鄂尔多斯市又遇到一件又急又难办的事，这次是书记与区长亲自找到了檀馨。原来该市要举办亚洲艺术节，这可是这座城市的一件头等大事。

前来参加亚洲艺术节的国际友人、外国宾客都要入住该市的一家五星级宾馆，这可是全市档次最高的一家宾馆，但宾馆周边的环境却是破烂陈旧、肮脏不堪。市委书记责成宾馆所在区的区长，一定要在宾馆周边建设精品园林，彻底改变这里的环境面貌。这一下这位区长一时真不知如何是好了，此时离亚洲艺术节开幕只有三十七天时间了，要在十一万平方米的土地上设计、建设精品园林，时间根本来不及。

又是一个难题，又是一次考验，檀馨告诉区长，要在三十七天中设计、建设十一万平方米精品园林是违反客观规律的，是不科学的，也是不可能完成的。正确的办法是集中有限的时间，建三个园中园，一个大约一万平方米，三个园总共三万平方米，将这三个园中园建成精品园林。在精品园林中要建水池、喷泉、假山等景观，在水池中还要放养上鱼，鱼可以与游客形成互动，使游客兴奋、欢快，达到吸引游客的目的。

一方面是将游客的主要兴趣与注意力吸引在三个精品园中园中，另一方面将步行道的设计主要只通向这三个精品园林中，其他远离步行道的地方将地面搞平整、打扫干净，再在前面种上一排树，遮挡一下视线。这一策略，一是"近端精品吸引"，巧妙地利用了心理学。从心理学上分析，在正常情况下，绝大多数人若近端有好看、好玩、吸引人的东西，就不会舍近求远再去关注远端的东西；二是"远端粗放遮挡"，远端用最简单、最省时的办法遮挡住人们的视线即可。只有这样才能在短短的三十七天中建成精品园林，完成美化宾馆周边环境，按时完成接待亚洲艺术节入住宾客的任务。

区长听了这个方案后十分兴奋，立刻对檀馨说，就按这个方案办，您马上就在这里画设计图，现在是下午4点，我只能给您两个小时设计画图时间，下午6点钟就要完成。檀馨听后吃了一惊，两个小时，照正常设计规律是根本不可能的，但檀馨这个人就是有一股不怕困难并要发挥主观能动性战胜困难的勇气。她对区长说："好，今天我就破个先例，两小时就两小时。"于是，她对助手说："我画两张图，你画一张，既要画出水平，时间还不能超过两小时。"

助手对她说："这简直就像高考一样了，限时、限题、限地点。"

檀馨则对助手说："这不仅是高考，实际上比高考还要难。这就是现实的严峻考验。"

两小时后檀馨与助手拿出了优质的设计图，区长看了非常满意。区长对檀馨说，你们很专业、水平很高，这项工程就交给你们了。

檀馨立刻对区长说，全交给我们公司肯定人手不够，必须调动你们地方与我们北京两方面的积极性，比如拆掉破旧危房、填平水塘、平整土地、挖坑种树、夯实路基等技术含量小的工作你们当地施工队都可以做。我们北京来的技师主要完成堆砌假山、修建水池、构筑精品园林，咱们两方面一起动手、一起干，两个积极性一起发挥，肯定效率要高得多。这位区长听后高兴之极，说道："太好了，就照您的意见办。"于是，檀馨立刻让公司的七位技师从北京直飞鄂尔多斯。

有了当地领导的大力支持，工程总的来说进展非常顺利，但也遇到一些小麻烦，不过很快就解决了。

工程开工后，工地一天一变样，北京技师堆假山的娴熟技艺，让许多当地人十分钦佩。这位区长更是兴奋得一天要来三次工地。

可是随着一些小花园建起了围墙，这位区长就十分不理解了。于是檀馨告诉他："古代皇帝最精品的园林，就是建的园中园，北京圆明园中七十二处最精致、最精美的花园就是园中园，这可是用中国传统最精湛的造园手法建造的。我是把北京当年皇帝享用的精品花园搬到鄂尔多斯来了，这可是上上珍品呢。"这位区长听了檀馨的这席话后，立刻转忧为喜，他更加放手全力支持檀馨了。

北京来的七位技师既有急客户所急想客户所想的同理心，又有真诚热心地为客户服务的精神，还有过硬的技术实力。技师们堆的假山、建的水池与精品园林在当地引起了巨大的轰动，人们争相观看，一时成为当地的美景，人们的美谈。

为了实现"近端精品吸引"的策略，檀馨挤出时间到市场上去采购了金鱼与鲫鱼，还买了鸭子。当几十尾活蹦乱跳的金鱼、鲫鱼与一群鸭子出现在水池中时，不出檀馨所料，人们的注意力一下子全被吸引了过去，观赏的、喂食的，宾客们在这里与鱼、鸭实现了互动，他们有说有笑、不亦乐乎。

而"远端粗放遮挡"的效果也非常不错，一排树将远处尚未来得及建设的土地遮挡起来，一切看上去是那样自然、合理，没有任何不美、不雅的感觉。

新机场如期剪彩，亚洲艺术节按期召开，檀馨和公司设计团队急鄂尔多斯市所急，想鄂尔多斯市所想，为他们解决了难题，于是他们更加信任檀馨与创新园林设计公司，并将更多的园林工程交给公司来设计、施工。

这项工程刚完，当地政府又将重修景观河的工程交给了檀馨。这是一条市区重要的河流，对城市形象、市民休闲、对外引资都有着重要影响。从设计到完工，时间只有十四天。这又是一场硬仗，还得用巧办法去化解困难。

在承接这个工程后，最严峻的一个数字就是十四天。在有限的时间内，调动各种积极性、主动性，是能加快建设速度的，也是可能创造奇迹的，但再快、再奇，也不能违背客观科学规律，在有限的时间内，干出的工作总量总是有一个极限的。

为此，檀馨还是采用突出重点这一科学办法，她将重点放在市区最热闹，去的市民、游客最多的两个河段，在这两个河段进行重点设计、重点施工。

在其中一个河段檀馨设计了一处鲤鱼跳龙门的景观。创意、设计出来之后，并不等于就成功了，具体去认真地实施常常是更加重要的一步。用花岗岩雕刻的石鲤鱼在哪里有货？石鲤鱼造型、神态是什么样子？石鲤鱼大的有多大、小的有多小？重量、体积是否方便运输？这些问题都要檀馨去一一落实。

当时檀馨心里也很担心，但她想偌大一个中国，石匠人数众多，石雕品则会更多，只要用心找，一定会有的。果然，很快就在河北省曲阳这个石雕之乡找到了石鲤鱼，有红的、黑的、白的，大的长达两米，小的只有几十厘米，于是便下订单买了二十多条，这二十多条石鲤鱼大小不等，姿势神态各异。石匠按照檀馨的要求又对每条鱼的眼睛、尾巴、鳞片进行了修整、加工，使其更有特色与灵气。就这样，二十多条石鲤鱼放入了景观河中，河水在鲤鱼身旁流淌，浪花在鲤鱼周边飞溅，这组景观为景观河增添了生气、活力与动感，使整条河生机盎然、活力四射。

在河畔，檀馨又设计安置了木椅、花坛、护栏、路灯等辅助设施，使整个景观河不但活起来，还美起来，景观河从此名副其实地成为了一条展示鄂尔多斯市风采与实力的真正有景，并能观景的景观河。

从"石家庄水上公园""苏州农林大世界"，到鄂尔多斯的接连三个园林项目，檀馨带领公司的设计团队一步步坚定地走了过来，这其中有在当场画设计图的紧张与压力，有遇到几乎不可逾越的困难艰辛与疑惑，有遭受不公正待遇的压抑与愤慨，更有战胜困难取得成功的喜悦与激动，以及受到客户信任与支持的感动与自豪。

创办公司后，檀馨每承揽一项园林、公园设计建设工程，就会站在客户的角度，换位思考，急客户所急，想客户所想，以真诚之心千方百计为客户排忧解难。

由于设计水平高，工程质量优，服务周到，因此，每做完一个工程檀馨就会交上一批真心坦诚的朋友，留下交口称好的口碑与一些感人的故事。朋友广了，口碑好了，故事多了，创新景观园林设计公司就会发展得更好、更快、更强。

既要有一流的设计，更要想客户所想，急客户所急，真诚为客户服务，檀馨在实践中开创了具有自己公司特色的经营之路，在这条路上檀馨与创新景观园林设计公司将越走越稳健、越走越宽广、越走越精彩。

第七章

总体规划设计建设元大都土城遗址公园

2003 年，北京为了迎接将于 2008 年召开的奥运会，决定对"元大都土城遗址公园"进行总体、全面、高水平的重新规划与设计。

在此之前，元大都土城遗址于 1957 年就被列入了北京市古建文物保护单位，1983 年，北京市政府批准规划元大都土城遗址公园。这一次是要对以前的规划来一次整体的提升。

元大都土城遗址公园是北京市的一项重大园林工程，为此，市政府采取了国际招标的方法，公开选择这项工程的总规划设计师与设计单位。

在如此体量巨大并具有极强政治、社会意义的重大园林工程项目上，要在激烈的设计竞争中脱颖而出，一举获胜，就必须对该项工程的历史、现状、意义与目的有着深刻的认识与了解。

面对一个新工程、新项目，檀馨的看家本领就是迅速进入角色，下功夫查阅、分析、研究大量相关历史资料与现代园林设计的经典成功案例，与此同时迈开双脚到现场去考察。每次现场考察都要带着规划、设计中的许多现实问题去，许多问题就要在现场进行探索，并寻找解决的答案。

一些现场一时无法解决的问题要将其带回来，在书本中，在资料里，在与其他设计师的共同研究中，继续探寻答案。这是一个极其艰苦的过程，必须要做到能吃大苦、受大累，能承受一切考验。

而能吃大苦、受大累，并承受一切考验恰恰正是檀馨的优势。

于是，檀馨通过大量阅读历史资料，无数次前往现场，最终总结出规划、设计元大都土城遗址公园存在的问题，并通过分析、研究、探索，逐一拿出了解决这些问题可实际操作的具体办法与设计方案。

其一，"三线"连"五点"托起并提升元大都土城遗址公园。

由于元大都土城遗址公园长达九千米，由明光村、明光桥开始，向北经蓟门桥、学知桥，并由此向东延伸，经牡丹园、健德桥、健安桥、安贞桥，直到惠新西街南口止，跨越了海淀区与朝阳区两个区。

由于跨越了两个区，而以往的规划又分别由两个区各自单独进行，相互间并未有协调、沟通。这就形成了没有站在一座公园的整体上来对公园进行全局性规划的局面。

于是，檀馨在规划、设计中提出了：在景点地域、景观布局、艺术风格、园林植物、建材饰物等众多方面要通盘考虑、全面协调、统一安排，要让元大都土城遗址公园各景点既有各自的风格、风韵，又是一个统一完整的整体。

依据既要整体上统一，又要各景点有自己的特色的规划、设计思路，在反复研读了历史资料，并对现场进行考察的基础上，檀馨确定了设计将在"三条线"与"五个节点"上展开。

这三条设计线是：

元大都土城为第一条线。

绿化景观是第二条线。

历史文化传承是第三条线。

这"五个节点"是：

蓟门烟树

古城新韵

大都鼎盛

龙泽鱼跃

银波得月

传统公园在设计上，空间布局倾向于内向，在一个封闭的园林中，设计若干个大小、规模、造型不等的小园林。虽然这些小园林风格各异、景观不同，但整个公园与外界是完全隔离的，是同一座城市中的两个单体。

而元大都土城遗址公园是沿护城河纵跨九千米，与几十个街口、十几条马路、无数居民区近在咫尺的街旁带状公园，它的开放性，与城市相伴、相融是这座公园的最大特色。

整座公园由"三条线"与"五个点"组合而成，因此，在设计上如何巧妙、艺术地处理好"线"与"点"之间的关系就显得十分重要了。"线"要有机地连接着"点"，而"点"则要突出"线"的重要性，"线"与"点"互为依托，相互提升。

其二，用大型群体雕塑，让今天的人们感受到当年元大都的恢宏。

元大都是由元太祖忽必烈耗时十八年时间修建完成的。大都的城墙用土夯筑而成，总长度达两万八千米。元大都建筑距今已有七百多年历史，它曾以其宏大、壮观与完整呈现在世界上。

元大都是中国历史上第一座整体设计、整体建设的大都市，在中国古代建筑史上不仅开了历史先河，还书写了灿烂与辉煌。

此后，明、清两朝都以元大都为基础，改建、扩建了帝王的皇宫。

经考证，元大都的总规划、设计师名叫刘秉忠。他依据《周礼·

考工记》上所记载的一段文字，规划、设计了元大都。

这段文字是这样讲述的：

匠人营国，方九里，旁三门。

国中九经九纬，经涂九轨。

左祖右社，面朝后市。

翻成现代汉语就是：

建城的工匠在修建都市时，都市应该是方形的，城墙四边每边各长九里。每边城墙上应该开设三座城门。

城市内应该建造九条东西方向与九条南北方向的道路，每条道路的宽度应该可以让九辆马车并排同时行驶。

在城市中，左侧应该设置太庙，而在右侧则应该设置社稷坛。

在城市的最中央位置，其前部应该为皇帝理政的朝廷，而后部则应该设置商业市场。

从后人对元大都的考证获知：

元大都筑有大城、皇城与宫城三城。特别令人吃惊的是，当年元大都的中心点、中轴线与三城，与今日北京的故宫基本上相同。

元大都时的东西城墙已有五千五百五十五米长的规模，南北城墙也达到了三千三百三十三米长，全城共设置了十一个城门。城墙高达十六米，底部宽二十四米，顶部宽八米。

七百多年前，我们的祖先，就已有了如此严谨的思维、智慧的设计，这让我们这些后人深感敬佩。

但是，由于历经长期战乱与风霜雨雪，七百年后留给我们后人的元大都土城墙，大部分只是高三至五米的土坡，并且被树木与草遮盖着，人们看不到当年元大都土城的雄伟，也想象不出当年的辉煌。

檀馨的思路是：首先，对于这些元大都土城留下的土坡要精心保护，这可是传承了七百年的珍贵文物。对坍塌的土城要修复，对原土城遗址也要保存并勾画出痕迹加以保护。

对我们这一代人弄不懂、搞不清的历史文物，要采取尊重历史、尊重现实的唯物主义态度，将发现的文物原封不动保存下来，让后人再去研究、考证。

与此同时，要明确的重要一点：建筑与园林必须要让人见到实体，要有亭有阁、有山有水、有桥有路。只有让人们真切地看到、触摸到、感受到了当年的元大都，那么才能在人们的情感中产生共鸣，才能真正从心里受到感动，也才能真正被祖先的创举所震撼。只有这样才能实现传承中国历史文化，弘扬民族精神，激发爱国热情的作用。

檀馨除了在元大都土城遗址公园中架桥、修河、筑路、建亭外，还在位于海淀区的"大都建典"这个重要景点上，设计了一组长八十米、高九米的大型雕塑。

这组雕塑与壁画的内容，艺术地再现了1267年元世祖忽必烈举行元大都建设奠基大典的盛况：忽必烈乘坐着由南域小国供奉的大象拉着的官车，其身后文武百官、各国使节分列两侧，政治、经济、文化高度统一的元朝王国，已经傲立东方，走在了世界前列。

雕塑与壁画相配合，又将元朝的宫殿、教堂、学府、民宅生动地展现出来。

而元大都主设计师刘秉思的雕像被展示在十分突出的位置。忽必烈与刘秉思为建设元大都立下了千秋伟绩，是值得中华民族与子孙后代永远纪念与敬仰的。

在这组雕塑与壁画中还展现了元世祖设国宴，万民同庆同乐的盛大场景。元大都的统治者、设计建设者、文臣武将、世界使节、黎民百姓，穿越时空，大家又欢聚在元大都土城遗址公园中，这让今天的后人，深刻地感受到了当年元朝的强盛与恢宏。

这组大型雕塑与壁画，彻底改变了几米高的小土坡给当今后人留下的元大都土城的形象。

而位于朝阳区的"大都鼎盛"重要景点上，檀馨在一座高六米，宽达六十米的仿拟土城城台上又设计了一组大型雕塑，在这组大型雕塑中：

有元世祖忽必烈与他的妃子，

意大利著名旅行家马可·波罗，

尼泊尔建筑师阿哥尼，

元朝的大天文学家、数学家、水利专家郭守敬。

这些伟人与元朝的名臣名将、世界各国前来的朝拜者，以及各族百姓在这里一起欢歌共舞。他们生活在七百多年前，但他们通过这组大型雕塑又来到了七百多年后的今天，他们让今天的人们真切地感知了元朝的强大，感受了元大都的辉煌。

通过这两组重要景点上的大型雕塑，生活在当今的人们认识、感知了元朝当年在世界上的强大，了解、感受了元大都在中国历史上的分量。

两组大型雕塑让元大都土城在今天人们心中高大与厚重起来。这就是檀馨在设计上的第二个重要思路。

其三，巧妙应用植物，利用地形，既要实现四季有美景，又要建设一个开放与封闭，动与静相结合的沿街带状公园。

沿街的带状公园最大的特点是纵向距离长，空间大，开放性强，与城市接触广而深。

从开放性强，与城市接触广而深而言，带状沿街公园就是一座"城市的名片"，它展示了这座城市的景观形象与文化层次。从全国各地或是世界各国来到北京的异乡人，无论他是来北京旅游还是探亲访友或办公事，只要他乘车或步行从街上经过，这座带状沿街公园就会进入他的视线。

因此，有人将这种带状沿街公园称之为"流动的公园"。这一名称基本上是准确的，所不同的是，并不是公园本身在流动，而是人们在一条带状的、大尺度的空间中做长距离的移动，并且这种移动的主体并不完全是游客，而是途经这里的所有的人，因而这种流动性是十分巨大的，远远超越了专程来公园游览的游人。

既然是一座"流动的公园"，对周边市民与南来北往途经此地的过客影响就会巨大，那么就一定要在植物品种、档次、色彩、形态、性能上下大工夫，要让这里做到四季常绿、季季有景。为此，檀馨创意设计了：

"城台叠翠"

"杏花春雨"

"蓟草芬菲"

"紫薇入画"

"海棠花溪"

"城垣秋色"

等以植物为主体的景观，这些美丽的景观一年四季流动在这座城市中，不仅为元大都土城遗址公园添了色，还为北京增了彩。

沿街带状公园的开放性，一方面使途经这里的过客，通过自己的视野十分方便地欣赏到公园中的美景，这是沿街带状公园开放性的一个优势，但同时，游人们在公园中休闲也需要有一个相对宁静、祥和、封闭的小环境。如果修建围墙，虽然可以实现小环境的效果，但却完全破坏了沿街带状公园的开放性,"流动的公园""城市的名片"的功能也就不存在了。

　　既要保留沿街带状公园的开放性,又要创造宁静、祥和、封闭的小环境,这个难题就摆在了檀馨面前。经过实地考察、认真探索,最后檀馨决定应用植物来解决这一难题。

　　在带状公园与周边的街道处于同一平面的地段,檀馨采用低矮的女贞黄杨作为公园的围墙,乘车或步行的过客,从远处就可以欣赏到公园的美景。

　　为了让街上的杂噪不干扰公园内的宁静,加宽绿带,并在绿地上种植有一定密度的植物,用拉大空间距离与让植物阻音吸音的方法大大降低了噪音,给公园创造了一个安静的小环境。

　　在带状公园与周边的街道存在数米高差的情况下,采取扩大沿河内部空间,用下沉的地形构成安静的环境。因为从声音传播的原理上分析,下沉的地势,会使声音在进入洼地时衰减。

　　为了让元大都带状公园与周边街道的景致形成互动,檀馨采用了时而通透、时而封闭的交替手法,既要实现带状公园融入城市中,又不能影响公园的相对独立性与封闭性,达到了城市与公园相互兼容,互为提升的效果。

　　其四,以人为本、顺从自然、亲近自然、关注细节。

　　在对元大都土城遗址公园的实地考察中,檀馨发现了许多本是很小的小事,却成为影响很大的大事。

　　例如,游人,特别是老人、孩子走累了没有地方坐,需自己带小凳子;渴了没地方买水,需自己带水壶;需要上厕所,却根本找不到一处可去之处;而夜晚因为没有路灯,到处是一片漆黑。

　　这些看似是小问题、小事,却恰恰是让周边居民不敢来此的大问题、大事。以人为本就一定要特别关注与百姓息息相关的"小事",正是"百姓身上无小事"。

在元大都土城遗址公园的设计中,檀馨对这些"小事"给予了高度重视。从公园的地面铺装、椅子式样、厕所安放、路灯灯饰,直到为残疾人服务的坡道,都进行了精心设计,把政府的关爱通过她的设计之手送到每个百姓身旁。

元大都土城遗址公园是建在护城河两侧的公园,护城河宽窄与深浅都在随着地段、地形变化之中,檀馨经过思考后,决定采用顺从自然,不修建死板的钢筋混凝土硬质河道的设计方案。

在一些河岸较陡之处,采取对原河岸进行改造,将很陡的河岸推得较为平缓,并在平缓的斜坡上种植植物,以防止夏天雨季时水土流失。

在原河道过于弯曲、狭窄处,采用加宽、拉直河道,这一方面便于让河水加快通过,另一方面方便河道中的游船航行。

在河滩的湿地上大量种植芦苇、菖蒲、千屈菜、睡莲等水生植物。在湿地河畔,为了便于游人行走与赏景,还设计了木栈道、木平台。面积达一万七千多平方米的"龙泽鱼跃"景区的湿地就是城区内面积最大的人工湿地。

自然弯曲的河道,长满植物的河岸,生机盎然的湿地,这一切给人带来了"走近元大都、亲近大自然、享受野味野趣的欢快"。

重视对细节的处理,也是檀馨设计中的一个优势。对元大都土城遗址公园中的"大汗亭""元妃亭""船台""小木屋"等都在艺术上、细节上下了很大功夫。将"大汗亭"与"元妃亭"分别变形设计为"大汗"与"元妃"的形状,这一艺术层面的创意与想象空间上的夸张,都恰到好处,取得了很好的效果。

而檀馨对于公园中的灯饰、座椅、铺装、河岸、挡墙、护栏等设计上的细节，也予以了创新，做到既新颖别致，又实用耐用。

其五，解放思想，再现中华祖先的辉煌。

长期以来，有一种倾向认为创造中华民族灿烂历史的伟人、名人一般均是汉族，而对于在当时历史年代，从北方侵入中原的元朝蒙古族、清朝满族的历史伟人不敢进行真实、大胆的宣传。

元朝的开国皇帝元太祖忽必烈，为建设元大都，在中国历史上，甚至在世界历史上开了先河，创造了奇迹。这样一位历史伟人，难道仅仅因为其不是汉人就不敢大力宣传吗？为此，檀馨通过认真学习，认识到中国是由五十六个民族组合而成的一个大家庭，正如一首广为流传的歌中所唱的：

> 五十六个民族，
>
> 五十六朵花，
>
> 五十六个兄弟姐妹是一家，
>
> 五十六种语言汇成一句话，
>
> 爱我中华，爱我中华，爱我中华。

汉族、蒙古族、满族本是一家人，大家都为中华民族的繁荣、富强做出了贡献。没有五十六个民族团结、和睦、创造与奉献，就没有中国今天的强盛与伟大。

当檀馨的认识提升到这一高度后，思想便彻底解放了，在设计中再也没有了任何人为的压力与顾虑。对于元太祖忽必烈本人以及他的爱妃，对于与忽必烈一起为建设元大都立下历史性丰功伟绩的历史人物，都可以尽情地张开想象翅膀，予以赞美与颂扬。

檀馨衷心地感谢我们这个改革开放的年代，宽松的政治氛围让她的设计智慧与才华得到了充分的展示。尚若没有今天这样的时代，没有这样的宽松氛围，就不会有她在元大都土城遗址公园中的成功创意与设计。

檀馨的这个元大都土城遗址公园的创意设计方案最终获得了通过，并且由她亲自进行了工程图纸设计，同时全程监督了工程施工。

在北京城内，一条长达九千米的带状沿街、畔河公园——元大都土城遗址公园，建成了。檀馨和全体建设者的激动心情是很难以用语言来表达的。能应用自己的专业知识，发挥自己的才华能力，为北京百姓建造这样一座与他们如此贴近，如此亲和，并已融入了他们生活中的公园，作为一位园林设计师，新中国培养的知识分子，没有什么能比这一成就更让她幸福与自豪了。

元大都土城遗址公园有许多重要园区与景点，著者不可能在此一一详述。

在此，著者仅讲述其中的一个名叫"海棠花溪"的景区。

在这个景区之中，种植了多达两千多株海棠树，有"金星海棠""贴梗海棠""西府海棠""垂丝海棠"，品种繁多，红的、紫的、白的、黄的、粉的，姹紫嫣红、娇艳欲滴、美不胜收。

这里已成为：

海棠花的世界，

海棠花花香的王国，

海棠花美丽的海洋，

海棠花欣赏者、赞美者、崇拜者的天堂。

"海棠花溪"的景区中心建了一个由汉白玉筑成两层高台，高台四周是汉白玉栏杆，中心竖了一块极具艺术品位的石碑。石碑正面刻着"海棠花溪"四个大字，而石碑后则是一位名人书写的赞美"海棠花溪"景区与海棠花的碑文。

每天春天，从北京城各区县专程赶来的游客欢聚一堂，开始了愉快、激动，让人回味的盛大节日。

在"海棠花溪"景区内，在沿河两岸的甬路上，在海棠林中到处可以见到赏花的人流：

一群老人结伴而行，他们不仅认真、仔细地赏花，还互相用相机、摄像机留下珍贵的历史画面；

一位青年男士，用手中的专业高档数码相机为自己的爱妻和美丽的海棠花拍照留影；

一位中年人一边为妻子导演着各种与海棠花相近、相亲、相融的姿势，一边不停地按下相机的快门；

一个四岁多的女孩高兴地骑在爸爸的脖子上，而她年轻的母亲正在为站在海棠树前的这对父女摄像；

一位中年妇女，沿着河岸推着一辆轮椅，上面坐着一位双目失明的高龄老人，小孙女将一株低矮的海棠花枝靠近老人脸旁，老人用鼻子尽情地闻着海棠花；

七八位业余摄影师，架起三脚架，并用长枪短炮的专业照相机在一棵很大、很茂、很艳的海棠树下，对树上的海棠花开始进行精心的摄影艺术创造；

几位六七十岁的知识女性，坐在一株海棠树前，支起画板，正在进行她们的绘画艺术写生；

一对热恋中的年轻人，架起三脚架，用自拍快门将俩人在海棠树、海棠花前热烈拥抱，与海棠花一起亲吻的美好镜头永远定格在他们的生命中；

无数人争先恐后地挤到刻着"海棠花溪"四个大字的石碑前，他们真诚地要与这座石碑及碑上的文字一起，留下永恒的照片与影像；

　　由一群六七十岁的老人组成的合唱团，在手风琴的伴奏下唱着一曲又一曲五六十年代广为流传的优美歌曲。老人合唱团外里三层外三层围着更多的前来观赏海棠花的老人，他们被这亲切、熟悉的歌声所打动，跟着一起唱了起来。这饱含着真情、真爱、真意的歌声感动了所有观赏海棠花的游人，感动了公园中树木、河流，感动了满园的海棠花。

　　优美的歌声回响在元大都土城遗址公园海棠花溪景区的上空，回荡在美丽的海棠林中。

　　在几棵娇美的海棠树上，挂满了用火红的大红纸剪成的"纸心"。

　　"纸心"上则由前来观赏海棠花的游人书写下的发自内心的真情寄语。

　　有儿子写给母亲的，

　　女儿写给父亲的，

　　丈夫写给妻子的，

　　未婚小妹写给情哥哥的，

　　学生写给老师的，

　　弟弟写给姐姐的，

　　病人写给女护士的，

　　北京人写给地震灾区的，

　　首都市民写给边防战士的。

　　"纸心"上的寄语写着：

　　"祝姐姐像海棠花一样永远美丽。"

　　"愿母亲像海棠花一样娇美、年轻。"

　　"望老师比海棠花更美、更让我们喜爱。"

　　"小妹，你就是我心中永开不败的海棠花。"

　　"当我躺在病床上身旁开着两朵美丽的花，一朵是海棠花，另一朵就是你——年轻的女护士。"

"当满园海棠花盛开的时候，就是前方抗震将士凯旋之时。"

……

在海棠花溪景区中，人们深深地感受到，这里景美、花美、歌美、情美，而人则更美。

美丽将与"海棠花溪"永伴。

元大都土城遗址公园是檀馨创新设计的一个成功的带状公园。

这座公园，不仅实实在在地建在了北京的城市中，更重要更可贵的是它已融入了北京百姓的生活中，留存在他们的心中。

人们喜爱这座元大都土城遗址公园，更被中华祖先的光荣与辉煌所震撼。

再现中华祖先的辉煌，深爱这座公园，深爱北京这座城市，深爱中华历史，深爱中华民族，这就是创新设计、建设这座公园更现实、更深刻、更重要的意义。

第八章

皇城根遗址公园誉满天下

2001 年，北京市要在北京最繁华、知名度最高、影响力最大的王府井大街西侧，在举世著名的北京故宫东侧，从东长安街的南河沿口向北经过东安门大街、五四大街，在南、北河沿大街旁建一个长两千四百米、宽二十九米的路旁公园，定名为皇城根遗址公园。

当时国内建筑与园林市场大形势正是"海归派"最走红、最吃香的历史时期，而檀馨本人没有出国留学的经历，也没有洋博士文凭的资历，同时，创新景观园林公司成立时间也并不很长，是一个没有海外背景、外商投资的私人企业，因此在这一时期被市场冷落并完全边缘化了，就连参加这个皇城根遗址公园工程项目的竞标资格都未获得。

北京市东城区园林局开始时找了一位留洋的"海归派"担当设计师，不料这位设计师拿出的设计方案却是一个德国"疏林草地"式的欧洲风格园林，宽阔的草坪，稀疏的林木，完全是西欧化的味道，这与中国文化，特别是近临故宫的皇城根历史传统文化是完全大相径庭、格格不入的。

这个方案一出台，遭到各方面的质疑，无法让各界人士接受与满意，而此时总共一个月的宝贵设计时间已过去了二十天，设计时间只剩下了十天。就在这关键的时刻，东城区园林局找到了檀馨，并希望她参加竞标。

一开始并未让檀馨参加竞标，后来别人做得不行了才让她出来补台，想起这一情况檀馨心中自然不很愉快，但她这个人拿得起，放得下，绝不会去计较个人表面上的面子与得失。檀馨非常理解这股从上到下崇拜"海归派"的风潮有多么强劲，人们在这股大潮中未让檀馨与她的公司参加竞标是情理之中的事情，没有理由责怪发标方在开始时未让檀馨参加竞标。此时，檀馨只是想一定要抓住这次来之不易、宝贵的竞标机会，展示出自己公司的实力，将皇城根遗址公园设计好。只要公司有实力，能拿出真东西、好东西，那么补台也能补出水平，后来者竞标也能居上。

为了将设计引向正确方向，檀馨向发标单位提出：将你们的总体意图完整地告诉自己，看看自己能否找到一些灵感，这对她的设计是十分重要的。之后，檀馨与发标单位谈得不错，一些有创意的火花在她脑海中逐步形成，于是檀馨心中有了底气，决定参加设计竞标。

檀馨的创意、构思是从自然生态与历史文化这两点入手的。

首先，第一要素是要考虑将皇城根遗址公园建成亲近自然的生态园林，而生态园林就是要关注居住在这七万平方米绿带两侧的十几万居民，以及每天步行、骑自行车、乘公共汽车、开私家车途经这里的十几万市民，要让他们能呼吸上清新的空气，欣赏到美景，为此，檀馨的设计理念首先是"以人为本、立体绿化、将自然引入城市"。

檀馨高度重视景观植物，使其占园林总规模的90%以上。在这里栽种了一千八百多株玉兰、银杏、油松、白皮松、国槐、元宝枫等乔木与四万四千万株蜡梅、丁香、月季、太平花、女贞、花石榴与黄杨等花卉，移植了两千多棵胸径在十厘米以上珍贵树木，建了四万平方米草坪，如此众多的绿色植物不仅给人带来美的享受，每天还可产生六千公升新鲜的氧气，吸收八千公升二氧化碳，同时这一绿带还可起到降尘、杀菌、夏季降温、冬季防风，吸纳马路车辆噪音等功效。生态园林体现了以人为本，给人们带来身体上的健康与精神上的愉悦。而在园林中设置休息的凳子、步行道、路灯、过街通道、车站等也是以人为本，关心人、尊重人的具体体现。

现在，每当夏日，不管是附近的居民，还是别处的北京市民，或是外地与国外游客经过这里，在树荫下的凳子上小歇时，都能呼吸到清新的空气，欣赏到品种繁多娇美的园林植物，观看到许多新奇并有独特构思创意、有历史文化内涵的园林景观与雕塑。

第二个要素，要考虑到皇城根经历了明、清、民国三个历史年代，至今已有七百年悠久历史文化，因此保护并传承历史文化，将皇城根遗址公园建成历史文化园林，这是重中之重。檀馨在设计中保存并恢复了一小段皇城城墙与墙根，让今人与后人都认识到这就是传承了七百年的皇城根，从而搞清皇城根的历史文脉与来历。

接着在七百年历史中选择四个能象征历史文化特点的代表性景点——东安门、五四路口、四合院与中法大学。

檀馨在五四路口上设计了一本翻开的书的雕塑，与近旁五四运动发祥地北京大学红楼形成了呼应，将七百年中发生在这里的一个重大历史事件用艺术的手法展现出来。

而四合院则是老北京的传统建筑，这些建筑既传承了中华历史又蕴藏着老北京的文化。

檀馨还将中国优美的文字，丰富的文学艺术应用于皇城根遗址公园的设计中，根据一年的四个季节，四季不同的园林植物，给园林的四季起了"梅兰春雨""玉泉夏爽""银枫秋色""松竹冬翠"四个名字，使园林更优美、更高雅，更有中国文化与艺术品位。

当檀馨完成以上这些构思与创意后，对自己更加充满信心了，此时她坚信，自然生态与历史文化这两个有着深刻科学与文化内涵的创意与构思是非常正确和明智的，一定会征服评委，一举夺标的。

由于留给檀馨的时间已很少，绘制构思创意设计图的工作实在太紧了，其他竞标设计单位都完成了整个墙面大小的巨幅设计图，而她则只绘制了占墙面三分之一的设计图，但好在判定水平高低的决定性因素，并不取决于图的大小与多少，而是取决于设计图的艺术水平、创新创意，以及图的档次与质量。

竞标的评比结果是由来自风景园林行业及其他相关行业的十三位专家，在完全不知晓设计单位与设计师的前提下，背靠背投票表决的。让檀馨感到巨大惊喜的是，十三位专家评委，以十三票全票投给了她设计的方案。

中国园林界的泰斗、中国工程院院士、中国风景园林学会副理事长、中国资深园林教育家、著名设计大师、北京林业大学孟兆祯教授，在投出他手中很有分量的一票时表示：这个方案不错，不知是谁设计的，我给这个方案投上一票。

负责交通的专家在投票时表示：这个方案十分智慧，它彻底解决了两千四百米长的皇城根遗址公园与横向马路相交的交通大问题，将游人与机动车完全分离，我非常赞同这个方案，我要投它一票。

评委们在一起议论道：东城区真有人才，这个设计方案兼顾了民族传承、现代时尚与生态环境，同时还非常有经验、有智慧地考虑了公园位于街道旁这一独有的特殊性，很好地解决了交通这一十分现实的大问题，因此进行综合评价后，这是一个极具特色、总体水平很高的设计方案。

当评委们最后了解到这个设计方案是出自曾经与国际建筑大师贝聿铭合作，设计了香山饭店园林的著名园林设计师檀馨之手后，才解开了心中的疑云——原来是她的作品！评委们表示：我们在评选竞标设计作品时，实际上也是对我们这些评委水平的一次重要考试，如果像檀馨这样的优秀设计作品不能被我们评选上，相反，我们却去评选了一些水平不高的设计方案，那么这本身就说明我们评委水平不高、不识货。好在我们十三位评委一致投票评选了檀馨的设计方案，这也证明我们这些评委是慧眼识英雄的。

在这次评标中，由檀馨设计的皇城根遗址公园一举中标后，檀馨的心情万分激动。"海归派"吃香，国内本土设计师被边缘化，这一笼罩在她头上的阴影与压抑在心理上的情绪终于被驱散了。

于是，檀馨带领创新景观园林设计公司的员工们投入了紧张、繁忙的工作之中，通过优秀的设计、严谨的工作、一丝不苟的质量把关，创新景观园林设计公司、园林施工单位、协作单位通力合作、携手努力，最后将一个既有中国历史传承、文化底蕴，又有现代艺术品位的秀美端庄的生态园林公园呈现在北京的市中心。

开园以来，附近居民、商店店员、公司职员近水楼台先得月，他们每天呼吸着这里的新鲜空气，欣赏着这里的美景。北京城里南来北往的行人，来自全国各地与世界各国的游客，他们徜徉在公园中的花木旁，漫步于林间的甬路上，人们喜爱、赞美、留恋这座风韵高雅、景观新颖、花木丰富的园林。这座将历史传承与现代园林巧妙融为一体的遗址园林，一时间成为京城内外、大街小巷中人们的美谈。

皇城根遗址公园广受欢迎，好评如潮，在社会上产生很大的轰动效应，而这一轰动效应来得很及时、很重要，它使创新景观园林设计公司在"海归派"占优势，国内设计队伍，特别是国内私人企业设计队伍被边缘化的特定历史时期，依靠自己的实力打了非常漂亮的一个胜仗。应该说这一胜仗对创新景观园林设计公司是一个十分重要的转折点，以这个转折点为契机，公司打开了国内的园林设计市场，并从此逐步走向成熟，走向成功，走向辉煌。

皇城根遗址公园究竟美在哪里？历史传承与创新创意又在哪里？就让我们在北京金秋一个风和日丽的下午，一起到这座公园进行一次仔细欣赏与认真参观。

来到皇城根遗址公园的最北端，从远处就能看到一段高七八米，长二三十米重建的皇城根城墙。红墙黄瓦在蓝天白云映衬下格外艳丽生动，"皇城根遗址公园"七个苍劲有力的镀金金字镶嵌在城墙北端，在秋阳照耀下每个字都熠熠生辉，格外高雅。

在城墙前方有一个小广场，一群孩子正在这里结队滑着旱冰，他们头戴安全小头盔、脚蹬旱冰鞋、手戴皮手套，弯着腰一个挨一个鱼贯滑行，他们的妈妈在一旁欣赏着自己的宝贝，脸上流露出幸福的微笑。几个老人在这里一边放着风筝，一边交流着放风筝的技巧与乐趣，这里完全呈现出一片祥和、温馨与欢快的气氛。

在这里的草坪上有一块长方形的石碑，上面雕刻着修建皇城根遗址公园时，重建皇城根城墙的一段文字：

> 明清皇城东墙北段——明永乐四年至十八年（1406年至1420年）修建北京城时，皇城东墙在现址以西的玉带河西岸。皇城墙于清乾隆十九年（1754年）重修，1924年至1926年拆除。2001年5月建设皇城根遗址公园时在此处发掘出部分皇城东墙遗址，依照文献记载尺寸，并参照现存皇城墙形制，局部复原修建，并于同年9月竣工。

看了这段文字，后人就可以清楚地了解到皇城根城墙最早是哪年建的，哪年重建，哪年被拆掉，哪年修建皇城根遗址公园时又被恢复重建，短短几行字将皇城根的历史简洁真实地介绍出来。

由北向南走，首先跃入眼帘的是一大片由绿叶映衬的火红的月季花，在月季花近旁是由高的红瑞木与低矮的玉簪配合在一起的花坛，红瑞木与玉簪红绿搭配，高低交错，相得益彰，美不胜收。

顺着图案造型不断变幻的园林甬路继续前行，来到一片开阔的林地，一棵棵翠绿的油松不规则地散种在园林中。油松下是碧绿的草坪，草坪上散放着人工制作的扁平的银色圆蘑菇，圆蘑菇大小不等，大的直径有一米多，小的直径也有半米左右。与银色圆蘑菇紧贴在一起的是圆形的绿篱黄洋球，黄洋球一个个直径都在二米以上。深绿色的黄洋球与银色的圆蘑菇静卧在草坪上。油松、银蘑菇、黄洋球、绿草坪交织在一起，构成一幅近似油画又胜于油画的宁静、高雅的画卷。

穿越这幅鲜活的活画卷后，五四大街、北大红楼便展现在了面前。在五四大街、北大红楼与皇城根遗址公园的交汇点，一座大型雕塑兀立在此。皇城根遗址公园自身的皇城遗址与西侧的故宫从思想意识上来考量，它代表了封建皇族的专权，特别是清朝晚期的没落与腐朽，将中国引向了灾难与困苦。而东侧的王府井大街，现代商厦、饭店林立，它是中国步入改革开放后，国家强盛、社会和谐、百姓幸福的缩影。

而位于中间的皇城根遗址公园与五四大街旁的这座大型雕塑，则正是中国由封建专制王朝走向今天的独立、自主、和谐、富强国家这条历史长河的中间站。

辛亥革命推翻了中国二千多年封建统治，中华人民共和国的成立开创了中国人民当家做主，中国傲立世界东方的崭新时代，这个重大历史史实是这条历史长河中的最重要节点。

　　而五四运动，唤起了中国人民爱国、进步、民主与科学的意识，掀开了中国近代史的新篇章，在这条历史长河中同样是意义极其重大的历史节点。

　　皇城根遗址公园不仅在生态环保、植物配置、景观设计上独具特色，在历史、文化的传承上，能将自明朝、清朝、民国，直至新中国的历史文脉串联在一起，并能与这些重要历史节点交汇，这为这座皇城根遗址公园增加了特别厚重且特别深刻的历史底蕴。

　　跨过五四大街继续向南行，在绿树环抱的园林中，见到了一尊现代时尚少女与清代老学者在一起的雕塑。

　　长椅上坐着的这位青春亮丽的美少女，她留着时髦的短发，身上穿着一件低胸、露背时尚的连身短裙，短裙下露出的两条健美纤细的腿，传递着青春女性娇美的气息。挂在纤细脖子上的时尚手机正好位于坦露的胸前，一台笔记本电脑置放于双膝之上。少女的双眼专注于电脑屏幕上，纤细的十指正敲击着键盘，她或许正在写作着一篇描绘皇城根遗址公园的文章。

　　在美少女身后站着一位身材修长的老者，他上身穿着一件旧时马褂，脚蹬一双厚底布鞋，头戴旧式瓜皮帽，帽下拖出一根清代男子的长辫子，鼻梁上架着一副眼镜，右手握着一本线装古书，左手背在身后拿着一把打开的折扇，他正探下身全神贯注看着眼前的这位亮丽美少女。当一个个汉字从笔记本电脑屏幕上展现出来时，这位清代老学者一定会在心中问道，为什么几百年后的人们写文章时可以不用毛笔、不用墨汁、不用白纸。

　　在皇城根遗址公园设计中，檀馨与雕塑艺术家沟通后将一个清代老学者与一位 21 世纪时尚亮丽美少女，同时出现在公园的一条长椅这个特定的时空中，这位清代老学者穿越几百年时空与 21 世纪美少女于此相会。

一个雕塑，将相隔几百年、原本完全生活在不同历史时期的两个人物置于一起，这漫漫几百年历史，被这尊雕塑极其巧妙地凝固并浓缩在皇城根遗址公园之中。

对于这尊雕塑，业内与媒体评论道："这是设计师与雕塑家携手完美配合的一个让人叹服的、十分智慧的神来之笔。这种思维跨越历史、想象穿越时空、遐想超越现实的巧妙构思、新颖创意、高超手法、大胆设计，古今罕见，堪称一绝。"

在这里，游人的思绪也会在瞬间飞跃几百年，在历史的长河中徜徉。

一位年轻母亲带着一位六七岁的小女儿来到这里，母女俩认真地看着雕塑。

年轻母亲向女儿问道："为什么这位老爷爷对这位漂亮姐姐用笔记本电脑打字非常好奇呢？"

女儿回答道："电脑是现在才有的，古时候没有电脑，所以这位古代的老爷爷感到十分好奇。"

年轻母亲又向女儿问道："你怎么知道他是一位古代的老爷爷？"

女儿跳着跑到雕塑后面，用手指着清代老者背上拖着的长辫子，机灵地说道："只有古代的老爷爷才梳长辫子，现在哪个老爷爷还梳这么长的大辫子？"

年轻母亲继续问道："那么为什么古代的老爷爷与现代的漂亮姐姐能同时出现在这个公园里呢？"

这次妈妈的问题将女儿问住了，她歪着头想了片刻，然后睁大眼睛向妈妈问道："是啊，为什么古代的老爷爷和现在的漂亮姐姐能在一起啊？"

年轻的妈妈想了片刻后说道："因为这个公园叫皇城根遗址公园，有好几百年历史了，让古代的老爷爷出现在这里是一种假设，将这位古代的老爷爷与今天的漂亮姐姐放在一起，就是让大家知道过去在这个皇城根遗址上生活的人是什么样子，和今天人的生活有多大差别。"

这位年轻母亲的回答非常实在、巧妙，六七岁的小女儿不可能理解什么叫"穿越时空，跨越历史"，但她会懂得什么叫"假设"。一位普通的北京市民对这座雕塑的含义能够有如此正确的理解，这是让人十分欣慰的，当然，这一理解不一定十分深刻、十分完整，但这足以证实园林设计师与雕塑家的这一作品是非常成功的。

离开这尊雕塑，来到了东华门。在这里，一座现代地下通道将皇城根遗址公园南北从地下连接起来，使游客与马路上的车辆互不干扰。为了使游客了解这里的历史原貌，檀馨在设计时在南北各设计了一个两米多深，约篮球场大小的基坑，游客可通过大理石台阶很方便地来到基坑下。

基坑四周两米深的基墙与地面均用青色大理石面砖粘贴与铺砌，显得十分素静、高雅，基墙上书写着"明皇城东安门遗址"八个金字。在这里用现代的科技技术与手法保存着几百年前珍贵的遗址。

"东华门原路面遗址""皇城原基墙"与"皇恩桥原引桥桥基"，通过不锈钢栏杆、钢化玻璃、壁画等现代建材与艺术表现方法被展示出来。立在这里的"说明牌"告知游客，之所以要建两米深的基坑，就是这些遗址均比现在的马路与地面低了两米三，"说明牌"同时还告知了游客关于"东华门原路面遗址""皇城原基墙"与"皇恩桥原引桥桥基"的一些历史简况，让游客对此地有一个简明的了解。

著者在采访时曾问檀馨："要做到同时兼顾历史与现在并不是一件十分容易的事，您用自己的智慧、创新与不苟一格、勇于突破的设计理念完美地解决了这一难题。现在，海内外的游客只需十几秒钟，走下十几个台阶，就穿越时空来到了七百年前，见到了七百年前的历史遗址。而走上十几个台阶，又回到了 21 世纪的现代，上下七百年，穿越只需十几秒，这不能不说是一个创意的经典、设计的杰作。那么这个创新是怎样在您头脑中产生的呢？"

檀馨回答道："两个历史年代，处于两个不同的水平高度，七百年前的历史与当今现实生活，要克服的就是'时空'，而'时空'是由'时间'与'空间'构成的。

"'时间'相隔七百年，只有将七百年前的历史遗址清晰地展示出来，就能让今天的人亲眼看到七百年前的历史，'时间'就会在瞬间跨越。

"而'空间'上，当年的桥体遗址与现代的马路高差达两米多，我不可能破坏当年珍贵的历史遗址，将桥体遗址抬升两米多，一是历史遗扯不能轻易拆建，重拆重建就失去了遗址的意义。二是这里正是一个繁华路口，不可能将一件历史桥体遗址抬升到路口上，这样既不利于文物保护，也将会严重阻碍这里的交通。这是第一方面。

"第二方面，我不可能为了让今天的游客能亲眼看到当年的桥体遗址，而将整条现代的马路下降两米多，无论是周边的建筑、园林、水电煤气设施都无法进行如此浩大的施工，投资费用上也是根本不现实的。

"既然七百年前的桥体遗址不能抬升，而今天的马路又不能下降，那么摆在我面前唯一办法就是建立高差为两米多的两个不同的平面，让游客步行十几个台阶，通过上行与下行，穿行在相距七百年两个不同历史年代的时空中。这样的构思，既保证了皇城根遗址公园现有的水平高度，又能将低于现代路面的历史遗址清晰地展示出来，既能让人们方便地了解历史，又不破坏现在的格局，这便是我产生并最终形成这一独特创意的真实原因。"

走过东华门，继续向南走，一个宽敞的由黄洋树构筑的小广场出现在面前，一排排、一行行金灿灿的黄洋树整齐地排列在小广场上，老人们在树下的石凳上聊天、下棋，年轻情侣在长椅上相互依伴、谈情说爱，小伙子与姑娘们在这里弹着吉他、唱着歌。

著者来到这里，看到此情此景心中格外激动，于是便来到一对坐在长椅上满头银发的老人身旁，问道："您二老常来这里吗？"

老大爷回答道："除了下大雨、刮大风，或是天气特别冷的日子，我们老两口常来这里，这里太美了，不来就觉得心里少了什么东西似的。"

老奶奶补充道："我们住得离这儿不很远，原来这里破破烂烂的，政府做了件大好事，现在在这里散散步，听年轻人弹弹琴、唱唱歌，多美的事啊。"

著者听后笑着对这对老人说道："你们来这里是选对了地方了，经常呼吸新鲜空气，看看美的景致，听听年轻人唱歌，你们就会开心，只要开心，二老就会健康长寿。"

告辞二老后，著者走到两对男女青年近旁，两个小伙子，一个弹着吉他，一个拉着手风琴，他们的两位女伴，一个唱着歌，一个伴着曲子翩翩起舞。看到眼前的这一幕，著者感到比在剧场里看歌舞、听音乐还要让人兴奋、激动，虽然乐曲、歌声、舞姿都不如专业演员，但在大自然这个天然舞台上，在鲜花、碧草、绿树环抱中，不用导演、不用剧本、不用排练，不用灯光、不用布景、不用化妆，青年男女清纯情感的自然流露，这才是人世间最真实、最珍贵、最感人的一幕。

一曲终了，著者走上前向弹吉他的小伙子问道："你们经常来这里吗？"

小伙子答道："一有空常来，这里很美，也很雅，来这儿与朋友一起自娱自乐，心情非常愉快。"

拉手风琴的小伙子凑过来说道："我们是外地来北京工作的，在北京每月开销挺大，我们收入也不高，来这儿自娱自乐不用花钱，挺好的。"

著者问一位长得很漂亮的女青年："你的男朋友不请你去剧场、歌厅、电影院，你会不高兴吗？"

漂亮女青年笑着回答："不会！能在鲜花绿树环抱的大自然中唱歌、跳舞，我挺高兴的，要图快活、开心，不一定非要花钱，这个公园就不用花钱，我看就挺好，比许多要门票的公园还要美，还要让人喜欢。"

谈话间，青年男女的乐曲、歌声、舞蹈又开始了，在这秀美的园林中，巧遇两对热爱生活、热爱大自然的年轻人，著者自己也感到十分高兴，心也感到年轻了许多。

在这里，金色的秋阳照耀着金色的黄洋树，人们尽情、愉快地享受着金色的休闲生活。这里的好环境、好气氛也感染着每一位来到这里的游客，给他们带来了快乐的好心情，带来了金色、美好的梦。

看到眼前美好、温馨、祥和的情景，著者此时感到中国有着像檀馨这样的优秀园林师是多么重要，设计师通过自己的智慧、创意与劳动，设计建设这样一座有皇城文化传承的街旁公园，能让儿童、年轻人、老人、旅游者来这里游玩、休闲、娱乐，能在这里高高兴兴、欢欢乐乐地度过幸福时光，世上还有比一个人能为社会创造价值，能为百姓造福更让人开心的事情吗？

穿过这个小广场来到一片由铺地柏与黄洋球搭配组合而成的园林，在这里著者看到一位女青年正在用尺子测量着植物的叶长，另一位女青年在本子上做着记录，俩人相互配合，工作得既认真又仔细。

著者疑惑地上前问道："你们是这里的园林技术员？正在统计什么？"

其中一位戴眼镜的女大学生回答道："我们是北京林业大学的学生，正在认识、统计皇城根遗址公园中的各类植物。"

另一位高个子女大学生补充道："这是老师布置给我们的作业，老师说这是认识园林植物的一个好办法。"

著者又问道："你们在这里进行测量、记录与统计，那么你们对这个公园有什么印象？"

戴眼镜的女大学生说道："我感到这里植物很丰富，配置得也很美，很协调。"

高个子女大学生说道："景观设置很高雅，园林甬道、石凳、路灯设计也很到位、很实用。"

著者继续问道："你们知道这个皇城根遗址公园是谁设计的吗？"

两位女大学生轻轻摇摇头，没有作声。

著者兴奋地说道："应该说，这个公园的设计师与你们还真有点关系。"

两位女大学生惊奇地反问道："和我们有点关系？"

著者认真地说道："第一，这个公园的设计师也是北京林业大学毕业的，她是年龄长于你们许多岁的老校友；第二，她和你们一样也是一位女生，是你们的老师姐。我看你们俩人刚才识别植物，给植物计量尺寸，登记记录植物十分严肃认真、一丝不苟，我想你们只要把这种精神长期坚持下去，刻苦学习、认真实践，将来你们也一定会成长为优秀园林设计师的。"

两位女大学生笑着高兴地说道："我们也能成为优秀园林设计师？"

　　著者语气坚定地说道:"为什么不能,参天大树也是从幼小树苗长大的,设计这座公园的女设计师,也是一步一个脚印,从小到大走过来的,但她很勤奋、很认真、很能吃苦,因此,只要你们一生也能认真勤奋、不怕吃苦、肯于动脑,那么,青出于蓝而胜于蓝,你们将来设计的园林说不定会超越你们这位老校友、老师姐的。"

　　著者与两位青年女大学生分手后,来到了皇城根遗址公园的最南端,这里已临近东长安街了。若从东长安街过来,这里正是南端的入口。在这里的一块中心突起的圆形草坪上立着一块高约三四米,宽约二三米的扁状长方形山石,山石上镌刻着"皇城根遗址公园"的镀金字,在山石中心开了一个长方形的窗口,窗口中用金黄色彩勾勒出皇城根遗址公园周边的街市,展示出一幅造型艺术化、抽象化的简洁地图。

　　在北京市中心,在具有国际一流购物水准的王府井大街与红墙黄瓦的故宫近旁,北京市民与外地、外国的游客能够免费享受到这样一座秀美的园林,应该说是莫大的福气。在享受之余,人们或许并不清楚或并不完全清楚是檀馨与她创建的创新景观园林设计公司,为北京、为全国与世界各国游客奉献了这样一座承载着历史文脉与现代时尚的清秀、美丽的都市园林公园。

　　面对一座美丽的有历史积淀的公园,人们在游览中的真实感受是第一位的,其次是人们口耳相传的口碑。但游人的亲身感受与口耳相传的口碑虽然极其重要,但其传播速度、传播范围,特别是传播的丰富性、系统性与严谨性与媒体相比,仍有很大的局限性。

　　在这里将一些媒体对皇城根遗址公园的评价归纳集中起来并表述如下:

　　创新景观园林设计公司的董事长檀馨女士,以自己扎实的园林设计知识,创新的园林设计理念,聪慧灵气的设计艺术,丰富资深的设计经验，严谨认真的敬业精神，诚信坦率的合作意愿，将皇城根遗址公园设计并建设成为让业内专家、社会各界、广大民众与海外人士都交口称好、出类拔萃、不同凡响、美誉天下的公园，获得了巨大的美誉度、知名度与影响力，而这一切，使由檀馨一手创建的创新景观园林公司，摆脱了初创时期在知名度、美誉度与影响力上的不足，促使并推动企业走上一条较快发展的道路。

可以一语概之："皇城根遗址公园美誉天下，奠定了创新景观公司的发展基础。"

第九章

历史与现代交融的菖蒲河公园

皇城根遗址公园建成后，檀馨与北京创新景观园林设计有限公司的名气与资质水平在业内专家、同行，在政府机关、部门及领导中迅速流传开来，百姓与游客虽然不知设计师檀馨的名字与北京创新景观园林设计公司，但美丽的皇城根遗址公园却给他们留下了美好的记忆，让他们遐想，令他们回味。

檀馨与北京创新景观园林设计公司以自己出色的业绩，雄厚的实力，创新的设计，高度的敬业，赢得业内专家以及市、区领导与社会各界的一片赞誉，于是一项更重大，更考验才华、能力与水平的园林工程设计项目落到了檀馨与创新景观园林设计公司肩上，这就是北京的菖蒲河公园。

菖蒲河公园的重要性首先从它的地理位置上就能显现出来。

公园位于天安门城楼的东侧，与天安门紧邻，可以说除了用历史上传承下来的皇家园林建成的天安门西侧的中山公园，东侧的劳动人民文化宫外，在北京再也没有一座公园离天安门如此之近了。而天安门不仅是北京的中心，更是中国的中心，如今，在这个重要、庄严、神圣的地方，北京市要新建一座公园。市政府对这座公园的设计要求是高标准的，这个公园要与天安门的地位相称，要与近旁的故宫的风格相匹配，要引入近临王府井时尚商业街的现代文明，要将历史传承与现代文明高层次、高水平、高技巧地融为一体。而要实现这一切，最合适、最有经验、最让人信服的人选莫过于北京创新景观园林设计公司的董事长、总设计师檀馨了。

理由是十分明显的：是檀馨与国际建筑设计大师贝聿铭先生合作设计修建香山饭店园林，并获得各界好评；是檀馨不久前刚刚设计建设了皇城根遗址公园，并取得很大成功。最终有关领导、相关专家慧眼识英雄，菖蒲河公园的设计重任实实在在地落在了檀馨与北京创新景观园林设计公司肩上。

菖蒲河公园因菖蒲河而得名，菖蒲河又名外金水河，河水起源于北京西山的玉泉山，流经城西北的高梁桥、积水潭、紫禁城西侧的西苑，然后流入天安门前的金水河，向东便是外金水河——菖蒲河。而菖蒲河的下游就是京杭大运河的北京段，又称之为御河。

菖蒲河公园因菖蒲河而得名，而菖蒲河又因菖蒲而得名。

菖蒲又名香蒲，多年生草本植物，根茎粗壮，叶片成剑状，花为圆柱形，俗称蒲棒。老北京祖辈用菖蒲叶编织蒲扇，夏季可扇风纳凉，商店也以菖蒲叶包装水果与食品。由于这条外金水河两岸菖蒲丛生，根壮叶茂、郁郁葱葱，因此这条河才得名为菖蒲河。

菖蒲河西邻天安门、金水河、金水桥、故宫，东邻王府井现代商业大街，这样特殊的地理条件，使菖蒲河贴近了历史与现代两个特定的因素，对于这一点，是设计时必须面对的一个重要课题。

同时，菖蒲河沿岸也有六十多棵历史传承下来的珍贵古树，早年这里还有一座白色大理石拱桥，被称之为牛郎桥，与位于西边南长街玉带河上被称之为织女桥的石桥遥相对应，但现在前往南长街，玉带河与河上的织女石桥都已找不到了踪迹了。

这么多的古树，这么多的历史古迹，促使檀馨在进行设计创意前，必须将传承历史文脉这一原则置于十分重要的位置。

菖蒲河有明清两代灿烂的历史，也有天安门、故宫、王府井、长安街等近邻，然而，当檀馨接手设计菖蒲河公园时，藏在庄重高雅的红墙黄瓦后面的菖蒲河，却是一片衰败、破旧、杂乱、肮脏，与周边的天安门、金水桥、故宫、长安街、王府井形成强烈的反差。

正是由于长期藏身于宫墙之后，才未被更多北京人，特别是年轻人与外地人知道。也正是因为在北京最庄严、神圣的中心还存在着这样一处破败的地方，市政府才下决心要在这里建一座美丽、高雅的公园。

檀馨在设计菖蒲河公园前，对菖蒲河进行实地走访、调研时，与一位当地的老者进行了一番交谈。

老者满怀感情地讲述道："我从小就生在这里，长在这里，老一辈人告诉我，这里近临皇城、皇宫，是天子脚下的宝地，生长在这里是托皇家的福，应该珍惜。然而在我儿时的记忆中，菖蒲河就是一条十分脏乱、破旧的小河，河中污水横流，水耗子乱窜，河岸杂草丛生，黄鼠狼乱钻。河两岸少数古建筑，还能算正经的建筑，但因年久失修已十分破旧，居民的住房则破败不堪，完全是一条龙须沟。

"后来据说这里有市民向上面反映了菖蒲河的脏乱情况，同时又因每年五一、十一游行，许多游行器材、大型用品天安门附近也无处存放，于是上面就在这里进行了施工，将菖蒲河这条明河用钢筋混凝土水泥板完全盖上，使其成了一条暗渠。在水泥板上堆了很厚的土，在土上又盖了仓库与临时住房。"

"也就是说除了原来的居民外，原来的河道成了仓库，这里增加了仓库功能。"檀馨向老者追问道。

老者点头后继续道："政府还是尽力在这里做了改善，建了一个很小的街心公园，修了一个月亮门与花坛，但由于当时正赶上自然灾害，国家还很穷，因此，这个街心公园不但非常小，而且因投资很少，建造得也十分简单、简陋，根本谈不上有什么让人感到美的设计。"

"明河改成了暗渠，还建了街心公园，这里应该比以前好了些吧？"檀馨进而问道。

老者摆摆手回答道："虽说是一个简陋的小月亮门、小花坛，原本多少应该有点改善，但由于这里建了许多临时简陋杂乱的仓库，卖包子、卖汽水的小商小贩又散布其间，小商贩、居民满地泼脏水、倒垃圾，长期无专人管理、清洁、打扫，老鼠蛇虫经常出没，因此菖蒲河仍然是宫墙后面的一条没有明河的龙须沟。"

"既然菖蒲河又脏、又乱、又差，您为什么不想办法搬走呢？"檀馨十分不理解地问道。

老者听后，感情真挚地回答道："'儿不嫌母丑，狗不嫌家贫'，这里虽然很脏、很乱、很差，但这里却是我祖祖辈辈生活的故土。我非常留恋这里。故土里有无数菖蒲草与许多历史古树，故土近临天安门、故宫与金水桥，故土上还有许多善良、忠厚的老街坊，以及世代相传的老故事。当然，我决不会留恋这里的脏水、杂草与老鼠。"

"要是保留这里的菖蒲草与古树，就在天安门、故宫与金水桥近旁建一座美丽的菖蒲河公园，您老会怎样想？"檀馨进而继续问道。

"那就太好了！我就住在菖蒲河附近，我会天天来这座公园。"老者兴奋地继续说道，"我要在河畔的菖蒲草旁与古树下散步，我要——对了，不知要新建的菖蒲河公园是否有长廊，若有，我一定要邀上几个老街坊在长廊中热热闹闹地唱戏。"

长廊！是啊，老人们多么渴望在未来新建的菖蒲河公园中有遮阳挡雨的长廊啊！于是檀馨坚定地脱口而出："老先生，您放心，新建的菖蒲河公园不但有菖蒲草与古树，还一定会有您所希望的长廊，这长廊的式样将与中山公园的长廊很相似。"

老者听后快乐地笑了。

设计前与这位老者的一席交谈，让檀馨在进行总体策划时将长廊牢牢锁定在构思之中。长廊代表了世代居住在菖蒲河老人们的愿望，代表了老人们对菖蒲河的眷恋与对新菖蒲河公园的渴望。

檀馨在确立菖蒲河公园设计理念时，除了长廊这一特殊要素外，她首先考虑的就是这里特殊的地理环境、历史文化与人文氛围。檀馨的设计方案，必须对天安门、故宫、王府井现代商业大街、东长安街，与东长安街相望的红宫墙、南池子、南河沿、金水河、金水河上的金水桥，以及菖蒲河北侧的明清两朝留传下来的古建筑进行全面、综合的分析研究，在确立了周边建筑、文化、历史、民风对菖蒲河公园影响的基础上，再对菖蒲河与河两岸的地形、地貌、土壤、植物、河道、水况等进行全面考察。在完成这一切之后，方能进入对菖蒲河公园的整体构思、创意与设计。

在创意设计中，檀馨将中国传统文化艺术与中国文化、文学融合在一起，首先以优美厚重的文采确定了"菖蒲迎春""东苑小筑""五岳独尊""红墙怀古""凌虚飞虹""天妃闸影""天光云影"等一批景致。这批景致建成后，其实际效果甚至超越了当初设计时的预期。

菖蒲河公园建成后，从王府井大街向西，经南河沿南口与东长安街相交处，再向西不远就可看到菖蒲河公园的东门了。

在东门口设计并修建了一个非常抢眼的"菖蒲迎春"景致。在立体梯形的地台上托起了一个钢质透空雕花的菖蒲球。钢质菖蒲球后是一个花坛，紧靠花坛竖着展开的六块三米五高、一米五宽的石质屏风。石质屏风上透空雕刻的花卉飞鸟，造型创新、栩栩如生。

在这里竖立六块高大的石屏，并在石屏上刻上植物飞禽，作为设计师，檀馨有两方面用意：

一是中国传统大四合院在进门处都建有一个大影壁，这在许多中国传统的公园与园林中也能见到，即便是走进中式大厅、客厅，也常常能见到古色古香的屏风。

二是将花卉植物直接雕刻在石屏风上，就将这座公园的主题鲜明地展现并突出出来。在托起钢质菖蒲球地台的东侧立面上，镌刻着"菖蒲河公园"五个字。这五个字每天清晨迎来了东升的旭日与从东面进园的游客。

转过石屏风，迎面而来的一个重要景致就是"东苑小筑"。此地明代称为东苑，又因在这里筑了一小段长廊与一个凉亭，因此就得名"东苑小筑"，它传承了中国园林长廊与廊亭的特色与韵味，由于受菖蒲河公园地理空间的限制，因此体量较小，而正因为体量小而越加显得袖珍、精致与细腻。

凉亭与长廊的造型、色彩、绘画、工艺既传统又有所创新，整个凉亭与长廊离地面有五级花岗岩石台阶的高度，亭中是红柱绿廊绿瓦，亭眉画着虫鸟花卉、山水自然的画幅。凉亭与长廊的古代韵味与其北侧近临的"东苑戏楼""菖蒲茶园""天趣园""皇城艺术馆"等，南北呼应、相得益彰。

这一小段长廊与凉亭，也实现了檀馨在设计菖蒲公园前在实地走访时，对那位世代居住在菖蒲河近旁老者的庄重承诺。檀馨此时真的非常希望能在这长廊与凉亭中再次遇见这位老者，能看到他与几位老邻居在这里快活地唱戏，那也一定会成为檀馨最大的快乐。

在菖蒲河公园东南部，依据地理位置在这里设置了一个重要景观，景观名为"五岳独尊"。

天安门是中国政治中心的象征，但与天安门一墙之隔的菖蒲河公园虽然重要，但却不可能是中国公园、园林的中心，怎样通过借景、衬托来实现提升菖蒲河公园的重要性，这就需要设计师的智慧与创新了。于是檀馨经过反复思考，借"五岳独尊"这一景观，来实现提升菖蒲河公园地位的效果。

中国古代有四大名石，而产于安徽灵璧县的灵璧石就是这四大名石之一。檀馨从全新的设计理念出发，选取了一块十分难得、珍贵罕见、体形硕大的灵璧石，此石长达七米、宽四米五、高两米，重达六十多吨，将这块巨石平放在一个长十多米、宽六七米、高六十厘米巨大的大理石平台上，使这块巨大的观赏石显得更加厚重与雄伟，更加具有泰山压顶的宏大气势。

这块巨石的外形酷似泰山，泰山上的山脉、山峰、山崖、峭壁等都能形似地在巨石上显现，用中国优美的文学来描述，那就是山脉流畅、棱线柔滑、层峦叠嶂、飞瀑流泉、嵯峨险兀、雄浑如泰山。

中国的五岳是东岳泰山、西岳华山、南岳衡山、北岳恒山、中岳嵩山。华山以险闻名天下，衡山以秀令世人陶醉，恒山以奇让天下叹服，嵩山以深奥让人痴迷，而泰山则以雄壮、巍峨、崇高、坚毅而傲立中国、称雄世界。无数文学艺术作品都用泰山来标榜、展示中华民族的勇敢坚强、不屈不挠与非凡气度。

泰山的品格就是中华民族的品格，泰山的坚韧就是中华子孙的坚韧，泰山傲立东方就是中国傲立世界的东方。因此，"五岳独尊"这一景观，将中华民族的品格、气度、精神，以及傲立东方的气势、气概都融入了菖蒲河公园之中，这使菖蒲河公园在恬静、高雅、柔美中，又增添了十分重要的中华灵魂与民族精神，这在很大程度上提升了菖蒲河公园的气势与品味。

"五岳独尊"可以说是檀馨在设计时，灵感闪现的神来之笔，这神来之笔起到了压轴的功效。

在菖蒲河公园西南部，檀馨又在创新中，应用优雅的中国文学确立了"红墙怀古"这一园中的重点景观。

这是背靠红色宫墙，面朝菖蒲河很有特色与创意的一个景观设计，在黄瓦、红墙、翠竹、绿树地映衬下，将皇城红墙的历史与中国传统文化的文房四宝融合在一起，完美地展现在菖蒲河畔。

古砚是文房四宝中的重要一宝，而呈现在红墙下、河滨旁的这只古砚却是奇大、奇重，它长十一点六米、宽六米，是用重达三十六吨的墨玉雕琢而成，如此壮观宏大的古砚，绝非是一般文人墨客可以在此写字作画的。在设计时，檀馨经过深思熟虑，将大砚与书法大家、"书圣"王羲之以及他的千古名作《兰亭集序》巧妙地联系在一起。书法大家用大砚，必然要在大纸上书写，于是在大砚前、在菖蒲河旁的一块平整的花岗石地，就成了一张铺开的大纸，以王羲之行草书写的《兰亭集序》跃然"大纸上"。

王羲之的书法，被后人赞誉为"天下第一行书"，历代文人赞美崇敬之词无数，面对大砚、大纸、大书法家，从中摘取几个对王羲之的书法堪称一绝的比喻：

"飘如游云、矫若惊龙"，

"龙跳天门、虎卧凤阙"，

"天质自然、丰神盖代"，

"清风出袖、明月入怀"。

王羲之的盖世行草书法铺洒在菖蒲河畔、红墙脚下，这从中国文化历史的传承上，为菖蒲河公园起到了画龙点睛之神功。

"红墙怀古"将历史、文化、传承，红墙、古砚、书法，与菖蒲河、菖蒲河公园揉于一景、融于一情，真是妙不可言、美不胜收。

在菖蒲河公园中檀馨还创新设计了一个空中景观，这是由两把雕刻的铜质扇子与一个中国结以及一个扇穗共同组合而成。两把铜质的扇子，一把为中国传统的折扇，传统上一般为男士专用，而另一把为中国传统的方圆形团扇，这一般为仕女专用。两把浓缩着中国历史文脉的扇子用黄铜雕琢得十分精细讲究。令人惊喜的是，两把铜扇在空中相互交叉衔接在一起，若展开丰富的想象，可以理解为中国古时一对情侣在幽静的花园中相互拥抱，甚至接吻。从园林建筑与雕塑力学结构上看，两扇在空中相交，形成了一个稳定的支点。折扇通过与中国结的连接，达到了传承中国文化与兼顾建筑结构的双层目的。

中国结与中国扇的结合展现了中国的风采与神韵，同时中国结长长的结穗直拖地面，实际上成为支撑折扇的一个立柱。而另一把仕女团扇长长的扇穗直达地面，成为一个支撑团扇的支柱。檀馨在这里将需要表现、传承的中国历史文化艺术与现代建筑、雕塑的力学精巧地融合在了一起。

游客们欣赏这一景观后，留下的评价是："想象大胆、构思神奇、创意独特、结构巧妙"。

"凌虚飞虹"是位于菖蒲河公园最西侧的一个组合景观，在创意构思时，檀馨将明朝留存的东苑凌虚亭与飞虹桥在空间上融合在一起。

凌虚亭位于一座二十多米高的假山上，有着中国传统风格的凌虚亭，其西侧紧靠与天安门相隔的红宫墙，而南侧是与东长安街相接的红宫墙，北侧则与菖蒲河相邻。凌虚亭是菖蒲河公园的最高点，站在亭中向东望去，一座名为飞虹桥的单拱石桥近在咫尺，这座石桥的单拱桥洞宽约八米、洞高约五米，桥洞美丽的拱形托起了整座石桥优美流畅的弧形，远远看去好似飞跃于菖蒲河上方的一弯彩虹。桥东西两侧的护栏是用质地洁白的汉白玉石雕琢镶嵌，拱桥南北两头各由十九级石级通向桥顶，站在桥顶抬头向位于西南侧的凌虚亭望去，这是一个由山石、木亭、红墙、绿树相互搭配映称而成的具有亭园趣味的景致，而站在凌虚亭低头向东北侧看去，则是由石桥、河水、垂柳、河岸构织而成的一个具有乡野风味的景色，两者相称、相依、相融就组合成为了"凌虚飞虹"这一景观。

在"凌虚飞虹"前方，游客以此景照相的人很多。在这一景观前拍照留影既需要有摄影技术，还需要有对园林艺术的理解。凌虚亭与飞虹桥同属"凌虚飞虹"景观，只有将山上的山石、木亭、红墙、绿树与菖蒲河上的石桥、河水、垂柳、绿草都同时收入照相机的取景框中，才能完整地拍下"凌虚飞虹"景观。而要做到这一点，摄影师一定要退到离单拱飞虹石桥几十米外的地方，然后让被拍的人物站在近处。采取这样的构图，可以实现人物在近景，凌虚亭在中景，而单拱飞虹石桥在远景的艺术效果。

从飞虹桥向东望去，菖蒲河上还有另外三座桥，其中还有一座石砌曲桥，全桥平坦无坡度，桥离水面只有不到一米距离。菖蒲河上的这四座式样完全不同的桥，除了衬托两岸的景色、景观外，还将两岸紧紧联在一起，使游人依据景观景色的变化，可随时选择去北岸或南岸，四座桥使游客的旅游线路变得更加灵活、随意。

为了让菖蒲河河道绕开历史久远的古树，实现保护两岸众多古树的目的，同时又要让河道自然弯曲以彰显菖蒲河自身的天然与野趣，檀馨在设计中将原本笔直的河道设计成了 S 型。在长五百一十米、宽十二米的菖蒲河两岸，精心保留了六十多棵古树，设计并移植了八百多棵乔木，两万多株灌木，以及花卉与草本植物两万多株，各类、各种植物、名贵花木、花卉总共达到了五万余株之多，从而使整个公园的绿化率达到了 65%。

随河岸信步走去，河面上生长着一片片的菖蒲、芦竹、水葱、丝兰、睡莲；河岸上生长着垂柳、银杏与古槐树，海棠与丁香花散布其间。菖蒲河公园的四季做到了：

> 春有玉兰腊梅花，
> 夏有菖蒲对荷花，
> 秋有柿树结红果，
> 冬有松竹伴雪花。

檀馨还对这里一年四季的树木、花卉都进行了精心、科学的设计与安排，要让菖蒲河公园不仅夏季鲜花盛开、美若仙境，还要让春天、秋天，乃至冬天都绿树常在，美景不衰。

在河岸草坪上，在红墙下，檀馨还设置了一只由金属细网制作而成的巨大的蜗牛，有五六十厘米高，八九十厘米长。

在周日的一天，有两个小朋友争着要与大蜗牛合影，男孩大约六七岁，由年轻的母亲领着，女孩大约十岁左右，由一位中年父亲带着。两个孩子争着互不相让。

这时年轻母亲对儿子说："你是男子汉，应该让着女孩子。"而中年父亲则对女儿说："你比他大，是姐姐，应该让着弟弟。"在两位互不相识的家长的教育下，两个孩子都由刚才的争抢改为主动礼貌地相让。

年轻母亲高兴地为儿子与蜗牛一起照了相，而中年父亲也愉快地为女儿与蜗牛一起照了相。

发生在日常生活中非常普通的一幕，却让园里的游客们很有感触。这是非常和谐、友好、平静的一幕。让游人深感好奇的是，为什么两个孩子，不管是男孩还是女孩都愿与蜗牛照相呢？一位常来这座公园散步，十分热心的退休女教师见到此情此景，先是表扬了两个孩子相互友好谦让的行为，然后向那位岁数大一些的女孩提出了这个问题。

女孩非常爽快地回答道："我听爸爸、妈妈给我讲过兔子与乌龟赛跑的故事，兔子认为自己跑得快，乌龟跑得慢，乌龟肯定跑不赢它，因此它看不起乌龟，非常骄傲、自大，而乌龟知道自己跑得慢，因此就特别认真、用心、吃苦、耐劳，结果认真、用心、吃苦、耐劳的乌龟反而赢了骄傲自大的兔子，因此我很喜欢乌龟的这种精神，而蜗牛很像乌龟，因此我也很喜欢蜗牛。再说我从来未看见过这么大、这么漂亮的蜗牛，感到非常新奇、有趣。"

未等退休女教师发问，男孩就大声说道："这个蜗牛不光是特别大，它还是用铁做的，因此特别特别少见，所以我要同它一起照相。刚才小姐姐讲的那个兔子与乌龟赛跑的故事我也知道，我也很喜欢知道自己的弱点却不怕困难的乌龟，当然也喜欢很像乌龟的蜗牛。"

在美丽的菖蒲河公园中美好的一幕，给这位退休女教师与所有的游客都留下了深刻难忘的印象。

在菖蒲河公园中，每天都有许多来自全国各地的游客，每天都会留下许多游客赞美菖蒲河公园的真实故事。

一对从东北前来北京旅行结婚的年轻夫妻，就留下了一段小故事，这只是无数小故事中十分普通的一个。

新郎在游览了菖蒲河公园后，对导游激动地说："从喧闹的王府井大街来到这里，仿佛一下子进入了世外桃源般的另外一个世界之中，刚才耳边还是那样嘈杂，而现在却是如此恬静，真有两重天地的感受。在王府井商业街我品尝了在大都市现代购物的乐趣，而在菖蒲河公园我则享受了中国皇家历史园林的清秀与高雅之美。"

新娘则用手指着公园中秀丽的风景说道："我是学中文的，也是教中文的，因此，我愿用发自内心最美的诗句献给菖蒲河公园：

> 在河中，
> 菖蒲葱郁，睡莲入梦，鱼翔水中；
> 在河畔，
> 垂柳婆娑，银杏金黄，百花艳美；
> 在园中，
> 景色旖旎，清幽秀美，风光如画。

我感到在国际商业大街王府井旁，在与庄严的天安门仅一墙之隔处，能有这样一座高雅、宁静、美丽的公园让我十分吃惊。来北京前曾听说过人们对菖蒲河公园的赞誉，但百闻不如一见，今天亲自来了，亲眼见了，才真正感受到了这里的美、这里的幽、这里的静与这里的雅。"

在菖蒲河公园建成一年后的夏日，檀馨在王府井商业街购物后信步来到了这里。说来真是巧，在公园的绿廊中，她又见到了开工前曾见到的那位老者。老者果然与几位老街坊在这里快活地唱着戏。

老者见到檀馨后高兴地迎上来，与其交谈起来。

檀馨很想知道老者的近况，便主动开口问道："看到您老玩得这么开心，真为您高兴。您老现在还住在附近？还经常来这里？"

老者笑着回答道："已经搬到新的居民小区去住了，好在离这里还不算太远，只要坐七八站公交车。虽然没有以前那么方便了，但我还是经常要来。故土难离啊，我想念一起从小长大的老街坊、老伙伴；我留恋菖蒲河两岸的古树与菖蒲草；我喜爱新建在这块故土上的美丽的菖蒲河公园。这是我常来这里的主要原因。"少顷，老者又继续道，"另一个原因，不知您注意到没有，现在接近上午 11 点了，来的人却越来越多了。"

檀馨向长廊里与长廊四周望了望，人确实多了许多，看上去大约已有四五十人了。

"您没注意到这些人的特点吧。"老者笑着继续说道，"这些人大多数都是住在周边或离此不远的老北京人，另外更重要的一点他们都是年龄在四五十岁以上的单身汉或单身妇女，他们有的是丧偶失去了老伴，而有的是因感情不好、性格不合、脾气不投而离婚独居的，大家到这里来，就是为了能够相互认识。"

"那么这里是否有婚姻介绍机构，是否有人介绍，是否要登记，是否有人管理，是否要交钱呢？"出于好奇心与关心，檀馨向老先生提出了一连串的问题。

老者笑道："什么也不需要，大家都是在菖蒲河故地周边生活的老街坊，远一点儿的也是东城、西城的老北京人，菖蒲河是老北京皇城下面的河，让老街坊、老北京人对她有着一份深厚的感情，大家对这里非常放心。菖蒲河公园美丽而高雅，老街坊、老北京对它有着特别的钟情与深深的眷恋，大家对这里都非常喜爱。大家在这美丽的菖蒲河公园中，清新的菖蒲河畔，红柱绿檐的长廊下，互相打个招呼，话投机的就多聊几句，合得来的可谈得深一些、时间长一些，若双方找到了男女之间的那种感觉，那么就可以顺菖蒲河一起走走，在这风光旖旎、景致如画的菖蒲河公园中敞开心扉，述说真情。"

这种不靠第三方介绍，不需金钱开道，不用炫耀自己的经济、社会地位，在菖蒲河公园的自然山水之间，完全靠男女之间自己相识、自行交往、自由恋爱、自我交流，传递真情与爱慕的方式，这种以菖蒲河公园古树为盟、山水为誓的夕阳爱恋、老年爱情，在檀馨来到菖蒲河公园之前是根本不曾想到的。这种完全依靠男女双方自己认识了解的方法，其科学、先进与浪漫程度甚至超越了许多时尚的年轻男女的恋爱模式。

"我信任、喜爱菖蒲河公园，到这里来寻找、结识伴侣的中老年人都信任、喜爱菖蒲河公园。"老者充满感情地继续道，"我相信在美丽的菖蒲河公园里我一定能找到同这座公园一样美丽的老伴，当然由于年龄，她的外表不一定真的会美丽，但只要她的心灵能像菖蒲河水那样清澈，境界能如公园的花木一样高贵、高尚，性情能似这里的环境一样宁静、平和，那么我就要终生感激菖蒲河公园对我的恩赐了。"

檀馨被老者的真诚，以及对菖蒲河公园的感情深深感动，发自内心真挚地说道："您真诚地爱着菖蒲河公园，菖蒲河公园是会被感动的，与您一样深爱着菖蒲河公园的人也会被感动的，在这些深爱菖蒲河公园的人中，一定会有一位爱上您的善良女人，走进菖蒲河公园，走过菖蒲河上的石桥木桥，与您相识相恋、相亲相爱，一起走进老年人婚恋的殿堂。祝愿这一天早日到来。"

告辞老者后，檀馨发现这里已汇聚了七八十人，由于场地宽敞，人散得较开，并不显得拥挤。在凉亭、长廊与北侧修整一新的古建筑前有网球场大小的一片空地。空地上青砖铺地显得又整洁又宽敞，一位身材苗条、容貌娇美的中年女子，正在这里一展舞姿，四周围着十几个中老年男女，他们正伴着舞曲欢快地唱着歌。檀馨站在一旁仔细地观看着，为了不打扰这欢快的气氛与场面，她并未与任何人交谈。不一会儿一段舞跳完，竟有两位中年男士与一位老年男士跑上去给这位漂亮的中年女士送饮料。

漂亮中年女士只接了其中一位知识分子模样的中年男士的饮料，她边喝饮料边快步走出舞圈，走向菖蒲河上紧邻长廊的木桥，知识分子模样的中年男士急忙冲出舞圈快步追了上去，在美丽的菖蒲河公园，在幽静、婉约的菖蒲河旁，在红绿相间弧形的木桥上，上演了一出真实、动情、感人，源于生活的女前男后、女走男追的人生话剧。

檀馨在舞台上看过许多表现男女爱情的话剧、歌剧、舞剧、歌舞剧、芭蕾舞剧、越剧，但在生活的舞台上，以公园的美丽山水作舞台、作背景，由生活中的真人表现生活中真实的并正在进行与发展之中的爱情，这还真让檀馨非常惊喜、非常震撼、非常感动！

菖蒲河公园以其美丽、宁静、高雅、清新的神奇力量，使越来越多的来自北京、全国与世界各地的游客慕名来到这里游览、参观、欣赏。这座与天安门、金水河、故宫、王府井相邻相伴的公园，其名气、名声、口碑与赞誉正在逐年上升。

檀馨因为工作忙，虽然无数次从东长安街、南池子口上经过，虽然赞美之声已灌满双耳，但并没有一个完整的时间仔细前来游览、欣赏菖蒲河公园，今天借购物机会匆匆来到这里，虽然时间有限，但却给她留下了难以忘却的美好记忆。

檀馨作为一位资深园林设计师，所思、所说、所做的一定是广大游客与百姓所想、所盼、所需的。广大百姓在生活中热爱美、追求美、期盼美，那么檀馨就一定要用自己的知识、才华与能力为他们发现美、创造美、建设美，让他们能幸福地享受美、赞誉美。

檀馨想，她的园林作品之所以是美的，之所以受到百姓的喜爱与欢迎，关键是她的心中装着百姓、想着百姓、念着百姓，她的心与百姓相通，情与百姓相融，意与百姓相近。

对于北京的菖蒲河公园，各界人士都表达了自己的认识与评论：

美籍华人、著名艺术家陈逸飞曾评论道："我认为这是一件以文化为支撑，将现代与传统，旧遗址与人们的生活环境相结合的艺术作品。北京在旧城改造过程中很重要的是继承中国传统文化中的经典和真谛，古为今用。菖蒲河公园以传统园林形式，赋予了美的细节，这些细节包含有古韵，又有现代气息，体现了设计者的才智。"

北京市文物局首席研究员王世仁评论道："菖蒲河公园建设的意义首先是保护了古都风貌，保护了重要历史地段。菖蒲河公园的建设与南池子的危改相结合，与普渡寺连成了一片。北京市20世纪90年代就提出了保护历史文物名城和二十五片保护地段，十二年来，真正踢出第一脚的是这里。"

城市规划专家董光器评论道："菖蒲河公园的建设，首先是对皇城南部在恢复原貌上意义匪浅，从河系和水系看，天安门西边有织女河，在中山公园内，天安门前有金水河，东边之前看不见河，现在有了菖蒲河。从规划上看，修复了历史河道，展现了历史文脉，具有大宅院的风格，开创了保护历史古都风貌的新局面，对北京历史文化名城在保护方面带了好头，展示了新形象。"

学者、专家都从专业的角度给予菖蒲河公园的创意、设计极高的评价，这一评价是客观的、实事求是的，也是来之不易的。

菖蒲河公园建成以来，前来游览、参观、欣赏的游客数以千万计，所有来过的人，无论何种国籍、肤色，都留下了一句共同的语言："这里太美了！这里美极了！"

第十章

设计建设北京庆丰公园

北京创新景观园林设计有限责任公司在北京与全国许多城市取得园林设计与建设的一系列成就后，公司已经完全步入了良性循环。

公司高水平的设计，创新的构思，传承中的发展，优秀可靠的质量，赢得了业内与社会各界的广泛好评、美誉与信任，而这些又给公司带来了更多的客户，更多的园林设计建设工程项目，于是新项目不断到来，优质项目不断送出，新进优出，一轮又一轮，公司在良性循环中不断上升、成长、壮大并发展。

2009 年上半年，北京创新景观园林设计有限责任公司接到了一项重大而光荣的任务。

2009 年 10 月 1 日是中华人民共和国成立六十周年的华诞，北京市政府为共和国的六十年大庆，要有一系列重大的活动与建设，而建设庆丰公园就是北京市朝阳区的一个重大园林建设工程，也是 2009 年北京市政府在市区内的一个重大的园林建设工程。

朝阳区区委书记、区长为了让庆丰公园成为北京朝阳区 CBD 里具有现代气息，同时又能很好地传承中华历史文化与文脉的精品公园，提出了两条重要原则：

一定要请国内最优秀的园林设计师；

一定要找国内最好的园林施工队。

由于檀馨设计并指导施工队建设的香山饭店园林、北土城遗址公园、皇城根遗址公园、菖蒲河公园等一系园林早已名声大振，而北京创新景观园林设计有限责任公司所承接的北京与全国的众多园林施工也留下了极好的口碑，因此，庆丰公园的设计与建设重任就顺理成章地落在了檀馨与北京创新景观园林设计有限责任公司的肩上。

接到这项任务后，檀馨反复思考着以下几个问题：

要设计建设的庆丰公园究竟应该是怎样的一座公园？

为什么北京市政府、朝阳区政府要将这座公园的建设安排在六十周年国庆大庆前，并作为献给祖国生日的大礼？

这座公园到底有哪些特殊的历史、人文与社会背景？

作为庆丰公园的设计师，檀馨必须非常清楚一切与庆丰公园相关、相连、相近的历史、人文与社会背景，为此，檀馨首先查找并阅览了大量与通惠河、庆丰闸相关的历史书籍与资料，做了大量的前期准备工作，并将历史、人文与社会背景熟记于心，只有这样，才能让她的思想境界、文化意识、民俗认知与当年的历史年代沟通起来，产生共鸣，并为庆丰公园的构思创意、设计创新打下坚实的基础。

在两千多年前的春秋时期，吴王夫差在中国历史上第一次开凿了南北大运河。之后，经过西汉、东汉，南朝、北朝，继续将大运河延伸、加长，至隋朝隋炀帝杨广时期，大运河已初具形态与规模。

到了元朝元世祖忽必烈时期，大运河再一次被扩大，成为与中国长城一样名扬世界的中国大运河。而忽必烈重用中国古代天文学家、数学家、水利专家郭守敬于1292年至1293年修建的通惠河，正是大运河最北端通州区到北京的这部分。

中国大运河是世界上开挖最早、工程量最大、长度最长的一条大运河，南起杭州，北至北京，沿途贯通钱塘江、长江、淮河、黄河、海河，全长达 1794 千米，是连通地中海与红海的苏伊士远河长度的十倍，是连通大西洋与太平洋的巴拿马运河的二十多倍。

由于中国的大运河的规模位居世界之冠，意义非凡，而通惠河又是大运河的重要组成部分，因此，通惠河的历史意义在北京地区也非同一般了。

元世祖忽必烈统治中国后，元大都，即今天的北京，人口迅速增长到了四十万人，人口的快速增长带来了两个直接影响百姓生存并危及统治者统治的严峻问题。

一是水，大都城只有莲花池、海子、太液池等有限的几处水源，远远不够四十万人生活所需。

二是粮，从江南由大运河北上运往元大都的粮食每年有二三百万石，这些数量巨大的粮食通过运河船运到通州后，必须依靠陆运才能最后到达市区内。

运河航运，船大装粮多，以风帆为动力，运输费用很低，而一旦转入陆运，马车拉，人力车推，要耗费巨大的人力财力，给四十万人的吃粮带来极大的困难。民以食为天，水与粮，百姓生存一刻也离不开。就是因为这一重大原因，忽必烈提拔并重用了科学巨匠郭守敬。

郭守敬设计的最早的通惠河，以昌平区白浮村的神山泉为河的起点，沿山顺地势向南开挖水渠，水渠汇集了白浮泉、双塔、王泉之水，流入瓮山泊，即今天的昆明湖，然后经和义门，即今天的西直门入城，向东南流至积水潭。在积水潭将水汇聚起来后，继续向东，之后顺皇城东侧南流，至文明门，即今天的崇文门向东，最后至通州高丽庄，即今天的张家湾村而入潞河，即今天的北运河。全长八十二千米。

为了修筑这条关系统治者政权与四十万百姓生存的生命之河，忽必烈动用了大量民夫，调动大批军队参加挖河，忽必烈甚至命令丞相之下的所有文武百官都要到筑河工地去参加劳动，由此可见当年这项工程是多么重要。

为了抬升水位，控制水流，以利于通航，郭守敬极其智慧地在全长八十二千米的通惠河上修建二十多座水闸。历经春夏秋冬整整一年艰苦卓绝的劳动，运河修筑完工，元世祖忽必烈亲自给这条从昌平至通州的运河赐名为"通惠河"，应该说这个河名起得很高雅、通俗、实在。大都市百姓急需的生命之水、生存之粮运来了，运河为大都市带来了实惠，运河让京城百姓得到了恩惠，因此起名为"通惠河"。

相比中国大运河上的其他六段河，从杭州至镇江的南运河，扬州至淮阴的里运河，淮阴至台儿庄的中运河，台儿庄至临清的鲁运河，临清至天津的南运河，天津至通州的北运河，没有一段运河的河名能像"通惠河"的河名那样实在、那样美。

郭守敬设计并指挥督建的中国大运河最北端的通惠河，将水与粮源源不断输入元大都，造福了百姓，繁荣了京城。郭守敬也美誉天下，名垂历史。

八十二千米长的通惠河在元朝时进入鼎盛时期，至元末明初，由于战乱、山洪等人为与自然因素，从昌平白浮山至瓮山泊一段被废弃。进入明清两代，一方面由于水源不足，另一方面由于城内河道被圈入皇城之内，因此大型漕船无法驶入，最终真正能通航的通惠河就只剩下从东便门的大通桥至通州这一段了。由于东便门大通桥之西，实际上已有上百年无通航的大漕船，因此今天人们所说的通惠河指的就是东便门大通桥至通州这一段河流了。

郭守敬当年设计并指挥督建的从东便门大通桥至通州的通惠河全长

二十六千米，为了使大型漕船顺利由东向西航行，必须克服通惠河西高东低，达二十米的河流落差。为此郭守敬在通惠河上修筑了五个水闸，以提升水位，使大型漕船能阶梯式向西通航。一闸为大通闸，二闸为庆丰闸，三闸为高碑店闸，四闸为花园闸，五闸为普济闸。老百姓一般只称一闸、二闸、三闸，而不称四闸、五闸。由于这五个闸中二闸庆丰闸名气最大，因此庆丰闸也就远近闻名，名扬全国了。

明清两代庆丰闸是一处名气盛大的重要地区。这里是长达 1794 千米中国大运河最北端的尽头。千船万帆，浩浩荡荡，装载着江南的粮食，朝廷修建宫殿用的南方的大型木材、石材，江南丝绸驶入庆丰闸一带。

在这里：

大漕船要御粮、御木材、石材与其他从南方运到北京的大量货物；

漕船上的商人、船工们要上岸休整、住店、喝酒、看戏、听曲；

码头上的搬运工、装卸工、拉船的纤夫、修船的工匠、打鱼的渔夫要吃饭、喝酒、观杂耍；

南来的商客与京城的商家要谈生意、做买卖、看货样、验现货；

漕船修缮需要补充木料，船夫需要增补做饭用的米面、蔬菜、柴煤与淡水。

由于这些巨大的需求，使庆丰闸的北岸形成了"二闸村"，庆丰闸南岸形成了"庆丰闸村"，两村逐年建起了大大小小的饭馆、酒楼、茶肆、旅馆、商铺、集市、店家、戏台。这里形成了一个为大运河运输的商客、船夫、搬运工、装卸工、纤夫、工匠、渔夫服务的繁荣的商业、贸易与文化市场。市场沉积着浓厚北京文化底蕴，同时又彰显着北方的民俗与民风。

中国北方民间的舞狮子、扭秧歌、踩高跷、唱二黄、说评书、拉洋片、唱大鼓、耍杂技、练把式、耍猴的、放河灯、莲花落等各种民俗民风文化表演在庆丰闸一带应有尽有，热闹喜气，繁荣祥和。

从江南水乡远道而来的南方客商、船夫，在江南欣赏了秦淮河畔的江南民间文化、民俗后，当他们来到北方，再一次领略了北方的民俗、民间文化。江南的秦淮风光、风俗与庆丰闸的民风、民俗各具特色、各有优势，一条大运河将南北两地的民间文化、民俗、民风联系在一起。

明清封建社会，皇帝专权，颐和园、北海、天坛等京城著名园林都属皇家的园林与御花园，而属于平民百姓可游玩的园林少之又少。因此，通惠河上的庆丰闸在当年就成为老百姓踏青郊游的绝好去处。

庆丰闸一带风光旖旎，景色秀美，碧波荡漾，树绿花红，美不胜收。河面上林立的白帆，河畔嬉戏的野鸭，河湾处连片的芦苇荡与河岸上随风飘摆的柳枝，与船夫吹出的悠扬笛声组成了一幅恬静、美妙的乡野画卷。

久居城内的男女老少会举家乘船来到这里，他们赏庆丰闸的景色，听闸口翻滚的涛声，看河上连片的漕船与摆动的船帆。他们走进酒肆、茶馆、戏楼，饮酒、品茶、听戏、赏曲，在这里尽情地度过美好时光。庆丰闸将野趣秀美与生机勃勃留存在京城百姓的心中。

当年，清代老百姓中流传着这样一首儿歌：

> 劳您驾，
> 道您歉，
> 明年请您逛二闸
> （即庆丰闸）。
> 两岸风光美如画，
> 向东五里是三闸。

这首儿歌内容通俗，明白地告知了京城百姓与南来北往的游客通惠河上的庆丰闸风景非常之美。"两岸风光美如画"这一句，就让人们很想去看一看、游一游，领略一下庆丰闸到底怎么一个美如画。

秀美的景色，林立的船帆，繁忙的商贸，热闹的文化，更是吸引了众多的文人墨客，他们来此相聚、饮酒、赏景、作诗。明代文人劳宗茂在《过庆丰闸》诗中写道：

> 红船白板绿烟丝，
> 好句扬州杜牧之。
> 何事大通桥上望，
> 风光一样动情思。
> 庆丰才过又平津，
> 立遏通渠转递频。
> 莫谓盈盈衣带水，
> 胜他多少犊轮辛。

在这首诗中，文人将惠通河上当年漕运的宏大情景生动地描绘出来。红色的大漕船挂着白帆顺着通惠河向大通桥（今日广渠门、东便门）方向驶去，河两岸绿树柳丝迎风摇曳，庆丰闸至大通桥风景如画，让人动情。

清代官吏完颜麟庆在《鸿雪因缘图记·二闸修契》中写道：

> 其二闸一带，
> 清流萦碧，
> 杂树连青，
> 间以公主山林颇染逸致，

　　故以春秋佳日都人士

　　每往游焉或泛小舟，

　　或循曲岸，

　　或流觞而列坐水次，

　　或踏青而径入山林，

　　日永风和，

　　川晴野媚，

　　觉高情爽气各任其天，

　　是都人游幸之一。

　　这首诗将游客畅游庆丰闸的欢快与喜悦形象地表现出来。在晴朗天气里，或荡着小船游历在河面上，或沿着曲曲弯弯的河岸观岸上风光美景，或在山林中踏青沉浸在大自然的野趣之中，这些都让游客感到心旷神怡、乐不思蜀。

　　清代震钧在《天咫偶闻》中写道：

　　青帘画舫，

　　酒肆歌台，

　　令人疑在秦淮河上。

　　这首诗将江南的秦淮河与北京的通惠河紧紧地连在了一起。诗人虽然身居通惠河上的画舫上，虽然在船上饮酒赏景，但似乎感到自己就身处于江南的秦淮河上。北京通惠河的美景在诗人心中已与江南秦淮河上的美景难以区分，诗人在酒后蒙眬中已经无法辨别哪里是通惠河，哪里是秦淮河了。

　　《清代北京竹枝词》中是这样描述的：

乘舟二闸欲幽探，

食小鱼汤味亦甘，

最是望东楼上好，

桅樯烟雨似江南。

这是对繁荣兴起的庆丰闸酒楼的真实写照。

庆丰闸南岸的"望东楼"生意最兴隆，名气也最大。清代伟大的文学巨匠曹雪芹与好友敦敏、敦诚等人也是"望东楼"的常客。曹雪芹与好友敦敏、敦诚常来"望东楼"除了酒香菜美外，其中也是另有原因的。通州的张家湾有曹雪芹家的祖坟、银号、店铺与六百亩典地，而在庆丰闸东南的水南庄，那里则是敦家的祖坟，敦敏、敦诚的母亲就葬于此地。曹雪芹与敦敏、敦诚清明节或其他一些重要节日就会一同来两家祖坟祭祖，而从通惠河上乘船，观河上与两岸风景，并到庆丰闸的"望东楼"上饮酒赋诗便成了必做之事。

敦敏在《懋斋诗钞》中就有多首有关庆丰闸的诗，其中在一首《二闸迟敬亭不至》的诗中写道：

临风一棹趁扁舟，

芦岸村帘分外幽。

满耳涛声流不尽，

夕阳独立小桥头。

从这首诗中可以看到曹雪芹的好友敦敏独自一人畅游二闸即庆丰闸的真实感受。他独自一人驾着一只小船缓缓行驶在通惠河的庆丰闸，河岸的芦苇丛给人带来难得幽静与丰富的遐想。庆丰闸飞流翻腾的水涛声声传来，声音不停，流水不尽，使诗人的思绪奔腾，从庆丰闸想到了通惠河、大运河，以及大运河上千帆万船。夕阳下独自驻立桥头，望着眼前残阳似血、如诗如画的美景，诗人对通惠河、庆丰闸产生了无尽的好感与眷恋。

清朝末年，随着铁路的建设，火车运输的发展，加之北京地区水资源的短缺，通惠河水量的减少，在元、明、清三个朝代承担了巨大南粮北运与木材、石材、丝绸运输重任的通惠河，到了 1901 年，也就是清朝光绪二十七年，在历经了七百多年的漕运繁荣之后终于衰败下来，大型漕船从此再也没有行驶在通惠河上，通惠河从此失去了活力，庆丰闸随之走向萧条。酒楼、茶肆、饭馆、旅店、商铺、店家、戏台渐渐减少、搬离，以往游客如织、人头攒动、买卖兴隆、生意火红的场景再也没有出现。

通惠河上的庆丰闸经历民国而跨入了一个新的历史时期。中华人民共和国成立后，百废待兴，当时的通惠河上没有了大型漕船，河两岸也失去了曾经的喧嚣与热闹，但依旧是一条充满了野景、野趣、野味，具有浓郁田园风光的河流。

檀馨在构思、设计庆丰公园时，曾遇到了一位在二十世纪五六十年代居住在这里，将"老北京""老通惠""老庆丰"融于一身的"三老老者"。

老者非常高兴地向檀馨讲述了二十世纪五六十年代通惠河庆丰闸的情景：

当时，通惠河庆丰闸这一带河水还是十分清澈的，河上虽然未见过运粮、运货的商船，也再未见过饮酒作诗的文人，但在河面上打鱼的渔民还是经常能够看到。

两岸树木枝繁叶茂，野草野花虽无人种、无人管，却也长得很茂盛，可以说这一时期处于既无人大规模破坏、污染，也基本上没有政府大量投资、管理阶段，一切完全处于野生随意、自然而然的状态。

一些当年居住在丰庆闸旁的老人也有非常真实、充满感情的人性化的回忆：

我们的童年、少年是在庆丰闸旁度过的，我们现在仍然清晰地记得庆丰闸旁的通惠河河面上，打鱼的渔民驱赶着鱼鹰下河捉鱼的喊声；

记得庆丰闸周边河道中随风摇曳的芦苇与一片片嫩绿晃动的浮萍是那么充满活力与动感；

记得拿着用旧报纸折叠的纸飞机跑到庆丰闸上去放飞，看到纸飞机飞翔在流水与白浪上空，心情是那样喜悦与兴奋；

记得儿时与小伙伴们一起制作了小木船，跑到河湾里去试航，小木船在水中缓缓行驶，小伙伴们激动得跳起来，快乐地唱着歌；

记得男孩们在河旁捉小鱼虾、抓蛤蟆、捕蜻蜓，女孩们在河畔采野花编花环戴在头上，割嫩草回家喂兔子；

记得女孩们在河边跳皮筋、踢毽子、玩沙包，以及与男孩一起捉迷藏时的自由自在、无拘无束的欢乐时光；

记得淘气的男孩以庆丰闸为跳台从上跃入河中，闸口的激流将男孩卷入浪谷中，岸上的大人见了心急如焚，许多男孩回家后挨了父母的打；

记得在晚霞的余晖中，河面上金光闪闪、波光粼粼，饱食了一天的鸭子摇摆着身子从河里走上岸边，走回归途；

记得夏天雷电交加、倾盆大雨倾泻在庆丰闸河面上的那种震撼与惊天动地；

时光已过去了半个多世纪，然而这些老人们至今仍然清楚记得儿时通惠河庆丰闸旁的美好童年时光，那河畔的一草一木、一情一景、一人一事都让他们回味、兴奋与激动。

还是那位"三老老者"继续讲述道：

通惠河庆丰闸一带这种田园式的自然生态，到了二十世纪六十年代后期至八十年代就完全消失了，这里建了东郊批发市场，农贸市场、农副市场也随之建立，卖菜、卖肉、卖鱼的小摊贩，卖粮、卖油、卖早点的小铺子，接连涌出。随着做小买卖、小生意的外地农民大量在这里聚集、居住、生活，做买卖中与日常生活上的大量垃圾、污水严重地污染了通惠河庆丰闸，使庆丰闸这一带的卫生状况每况愈下，一年不如一年。

由于河水严重遭受污染，使大片的芦苇枯萎而死，往日的一片片湿地也随之渐渐消失。为了利用低洼的湿地，逐年向这里填土堆土，堆得河岸高出了河面。随着外来做小生意人的增多，庆丰闸村的当地居民为了多收房租，扩大出租房面积，私搭乱建简陋房屋。随着人口的增多，破旧的公共厕所人满为患，生活垃圾也难以及时清除。一到夏天雨季，庆丰闸村由于缺少有效的下水道排水设施，街上的雨水与生活污水、公厕的臭水一起涌入通惠河，于是，仅几年时光便使庆丰闸一带成为臭气熏天的脏河、臭河、黑水河。

当然，这次北京市与朝阳区政府将建设庆丰公园的重任交给檀馨时，通惠河庆丰闸一带已不是一条又黑、又脏、又臭的河流了。北京市政府在近几年中已对通惠河河水进行了多次具有很大力度与规模的水质改造，经过多年投入与建设，通惠河河水已十分清澈与洁净了。

朝阳区领导把在这条具有七百多年辉煌历史的运河与灿烂文化的庆丰闸上设计并建设一座公园的历史性重任交给了檀馨，区委书记与区长对她非常信任，他们并未开许多设计会、研讨会、分析会、协商会，区领导只对檀馨说了非常简单的一句话："新设计建设的庆丰公园一定要做到让人眼前一亮！"浓缩起来说，区领导的指示与要求就是极其明确、精辟的四个字"眼前一亮"!

"眼前一亮"!区领导对一项市与区的重大园林工程的设计与建设的全部指示、要求、希望、重托都郑重地浓缩在四个字之中,檀馨深深地认识到,这四个字,字字都有千钧的分量!

这可是一条有着七百多年光荣历史传承的京杭大运河与著名的河闸啊!700多年来,千帆万船经过这条大运河最北端的通惠河,停泊在这个庆丰闸的上下游,这条河、这座闸为中华民族创造了无法用数字统计与计算的浩大的经济价值,形成了留存在世代文人墨客与百姓心中,流芳在千年史册上的璀璨文化,产生了口口相告、代代相传、世代尊崇的京杭大运河、通惠河、庆丰闸的民俗民风。

要在这样一个有着灿烂历史、浓厚文化、深远渊源的庆丰闸,设计建设以此闸名字为名的公园,檀馨深深感受到了前所未有的巨大压力!

这巨大的压力,既来自通惠河庆丰闸七百多年的灿烂历史,也来自通惠河庆丰闸的北岸、西侧与东侧朝阳区 CBD 的高大、时尚、流畅的现代建筑群。庆丰公园既要传承通惠河庆丰闸七百多年的灿烂文化与历史,又要张显北京现代大都市,特别是朝阳区国际化的 CBD 地区的当代风采,要做到历史与现代兼顾,传承与创新并举,这才是"眼前一亮"的立意与基础。

有了这一正确立意,设计的大方向就不会出大错。为了更准确地把握好设计方向,檀馨在设计前、设计中,去了通惠河庆丰闸许多次,在现场,她发现原来的河岸的挡土墙比河面高出了二三米,站在河岸上,让人有一种人在高处,河在低处的感受,非常压抑、非常不舒服。而整个河道两旁的河栏杆与栏杆上的花纹、符号则非常土气、小气。

檀馨设计的第一个思路就是将高二三米,宽达十米的挡土墙全部堆成一个视野开阔、敞亮、明快的大斜坡,将河两岸的旧栏杆全部拆除,换上既有中华文化传承，又有现代时尚元素的新栏杆。这一设计，让庆丰公园充分展现出北京大都市 CBD 的现代亮色与时代气息，让开阔、大气与当年通惠河、庆丰闸的豪气相应相称。完全放开、大手笔、大空间的设计思路，充分展现了通惠河、庆丰闸在中国历史与世界历史上的大气、豪气与傲气。

由于时间非常紧，原本需要一年半工期的庆丰公园工程，结果留给檀馨与团队的时间只有短短的一个半月，因此，区领导对设计方案、图纸都未做最后审查，工程就开工了。区领导在开工时语重心长地留下了一句话：檀工，全拜托您了！只要能做到让领导、让广大市民"眼前一亮"就是成功。

除了要在河岸形成一个广阔的视野，宽广的亲水平台，让人感到震撼，使人"眼前一亮"外，通惠河庆丰闸上七百多年中，河上、闸前、闸后，漕船相接、船帆相连，一眼望不到头的壮观情景，也引发了檀馨创作的激情与冲动，虽然当年不可能有照片留下，更不可能有影视画面，但闭上双眼还是能想象出当年的繁荣、辉煌与宏大。

于是，檀馨决心一定要在庆丰公园的园林景观中，再现当年的场景，虽然不可能做到完全还原，也不可能再现当年的盛大恢宏，但通过艺术提炼，用抽象的雕塑还是可以达到这一意境的。就这样，檀馨在通惠河近临庆丰闸的河畔上，在绿树青草环抱的一个小广场上，树立了几个三四米高，一米多宽雪白的平台，每个平台从远处看过来就像是一只航行中的船。又在每个平台上竖起一组雪白的风帆，为了达到抽象的艺术效果，同时也为了经得起风吹日晒雨淋，风帆并不是帆布所做，而是用现代建材雕塑制作而成。

碧水畔，绿林中，白云下，涌动的白帆，这是一个既合乎通惠河庆丰闸历史传承，又有大都市 CBD 现代气息的好创意。当公园建成后，游人们赞赏这个创意十分高雅、十分出彩，之前没见到过，也没听说过，更没想到过，完全出乎意料，真的给人们"眼前一亮"的惊叹效果。

要让游客来到这里后眼前一亮，除了要在大处着眼外，小处的细节也极其重要。比如，当年文学巨匠曹雪芹在庆丰闸旁等船，或与友人饮酒作诗，就是一个非常重要的细节。

这里有一棵槐树，至今已有五百多年的历史，这棵树对于通惠河、庆丰闸，特别是对于庆丰公园传承中华历史、文化、民俗与民风就显得意义十分重大了。

在公园中的山坡上，要做到有山、有水、有林、有景，山不在高，要有形、有特色；水不在深，要清澈、有灵气；林不在密，要高雅、有生气；景不在多，要秀美、有品位。在宏观上要大胆创新，而在微观上也要独具匠心，精细创意，这样才能真正实现让广大游人眼前一亮。

新建的庆丰公园周边有着极优、极雅、极高贵的环境。站在北京电视台朝南的平台上，庆丰公园一览无余、尽收眼底。东三环路从庆丰公园的东、西两个园区间穿过，国贸大厦、国贸大饭店、华贸大厦、SOHO 高档住宅区与许多 CBD 现代建筑环绕林立周边。中华第一街东长安街离此也近在咫尺。

庆丰公园建成后不久，在一个晴朗的周末，檀馨的一位助手陪同一位媒体女记者一起对公园进行了参观、游览。回来之后，这位女记者心情十分激动地对檀馨说，庆丰公园实在太美、太高雅、太有创意了！整座公园真的使她眼前一亮，让她非常吃惊，非常震撼。

这位女记者用生动的、富有文采的文字详细表述了参观、游览庆丰公园的整个过程与真实感受：

进入庆丰公园后，首先映入眼帘的是一座横跨惠通河的拱形石桥，由于拱桥形似彩虹，因此又名彩虹桥。彩虹桥北则正对着北京电视台新台主楼，并连接着北岸的高低错落成片的 CBD 建筑，不远处新建的中央电视台大厦清晰可见。

沿着通惠河南岸是一个宽约十米的亲水平台，游人可在平台上倚着河栏杆欣赏河面上的景色风光，河上橡皮水坝处浪花飞溅，水鸟翻飞，河中鱼儿潜翔，野鸭追逐。若要更亲近一些通惠河河水，可以从河岸台阶处顺阶而下，此时只需蹲下身、弯下腰，用手便可触摸到清凉的河水，这可是流淌了七百多年的中国大运河之水，是托载过万千大型漕运货船之水，更是给无数中国百姓、文人墨客、达官贵人带来欢乐与幸福之水。

造型新颖的通惠河石护栏，蕴藏着深厚的中国古代河流护栏的风格与意境，这些河流护栏技术与工艺十分先进，造型在继承传统的同时，又线条明快、花纹简约，展现出时代的气息。这些石护栏不仅自身是历史与现代融合的成果，它同时也是通惠河、庆丰闸从历史走来，走向现代的缩影，更是一条呈现在庆丰公园与现代大都市 CBD 中跨越时空的白色缎带。

一些河护栏的正方形石柱上是设计前卫的方形路灯，而另一些则是将路灯设计在白色船帆造型的路灯灯柱顶部。

白天，河畔护栏上一只只白色船帆，似乎是通惠河上东来西去繁忙运输漕船的白帆；

夜晚，在船帆造型的路灯灯光映照下，似乎又回到了当年北方秦淮河——通惠河上的万盏红灯、歌舞升平的繁荣景象。

将灯柱象征性地设计成北方秦淮河——通惠河、庆丰闸上的风帆与船灯，这是设计师檀馨的一种巧妙、聪慧的想象与创新。

转过身，将目光投向庆丰公园中，在通惠河河岸开阔坡地上修建了一座好似大型漕船的园林建筑，在宽约五十米的圆弧形大漕船船头上，设置了用一米多高透明有机玻璃围成的船栏杆。在大漕船船头之上还有一层宽约十五六米的方形眺台，眺台四周同样围着一米多高透明有机玻璃船栏杆。

在大漕船船头与眺台上同时可容上百人向通惠河、庆丰闸、庆丰公园与通惠河北岸的 CBD 区眺望，欣赏这里的广阔、大气、豪放、俊美与清秀。

在圆弧形大漕船船头的前面，是用火红、金黄、亮紫色鲜花组成的层层花带，从远处向这里看来，就像一艘巨大的漕船劈风斩浪，航行在通惠河上。

登上方形的眺台，真有一种置身于大海海轮与长江江轮上的感受，这十分自然让人回想起在大海上乘坐海轮，在长江上乘坐江轮的情景。在海上、江上航行时，船头涌动的是浪花，而在这里船头迎风摆动的却是鲜花。浪花与鲜花虽然完全不同，但它给人带来的情感与心情却是完全相同的，那就是发自内心的喜悦与欢快。

站在庆丰公园最高点，取出了可照相、录像、录音三用的相机，先是从高处将整个公园从东到西、从前到后、从上到下，包含通惠河、河两岸护栏，河上的弧形单孔彩虹桥、庆丰闸、河北岸的北京电视台新台主楼进行了摄像。之后又朝不同方向与地域拍摄了几十张照片，最后打开录音功能录了一段庆丰公园中游人的欢声笑语。应用现代影像设备所带来的活动视频、凝固照片、真实音响的优势，将这里美丽的画面、生动的情景、美妙的声音记录下来，带回去，再与自己亲历的感受与回忆融合在一起，这一切为女记者描写庆丰公园，带来了真情实意、喷涌的灵感，以及创作的激情。

在这艘巨大的大漕船左右两侧，则是若干艘中型漕船。中型漕船船头呈现为三角尖形形状。三角形的尖头直指正北方向的通惠河，以及河北岸的 CBD 区。尖形船头的船栏杆由漆成金黄色的木围栏组成，在靠近尖形船头的正中央则立了一个白色的船帆，白色的船帆是用现代建材艺术且抽象建造而成的。

这一写实与抽象、艺术与创新的设计，再现了中国大运河北端通惠河、庆丰闸当年的帆樯林立、漕船千渡的雄壮与气势。用现代园林造景艺术与园林工程建筑，回眸并再现大运河之通惠河、庆丰闸七百多年让每一位炎黄子孙都引以为自豪的漕运历史，这在国内是开了历史的先河，在世界上也未曾有过先例。设计师檀馨应用了如此创新的构思，如此大胆的想象，如此独树一帜的设计，怎能不让人眼前一亮！

设计师檀馨又以她丰富的经验、创新的理念、娴熟的技术、老道的手法、"眼前一亮"的宗旨，在庆丰公园东园设计了"京畿秦淮""文愧忆故""惠水春意""新城绮望""叠水花溪""银枫幽谷""大通帆涌""庆丰古闸"等八个景点；而在西园则设计了"桃柳映岸""惠舟帆影""印象之舟""都市蜃楼"等四个景区。

在东园的"京畿秦淮"景区中，有一个方形石碑，石碑每一则约宽一米五，高约六米，当年运粮的漕船航行在通惠河庆丰闸的情景，庆丰闸繁荣热闹的场景，都再现在石碑之上。

在西园的园林景观中，设计师檀馨在对地面甬道用大理石图案进行了拼装、镶嵌外，还应用了亭子、小桥等中国传统园林景物进行了点缀。

在"桃柳映岸"景区，以及西园、东园的其他一些景区中，种植了枣树、柿子树与雪松、银杏、白蜡等高大的乔木。秋天时节，枣树上挂满了紫红色的红枣，柿子树上坠满了金黄色的柿子，硕果累累，不仅让游人眼前一亮，有机会还会让游人大饱口福。

在高大的乔木旁则栽种了连翘、碧桃、玉兰等灌木，这些灌木又在不同区域被设计成丁香谷、桃花谷，以及海棠谷，而最低层则是一片片绿茵。

如此从上到下，立体绿化，充分利用空间，使庆丰公园 26.7 公顷面积实现了绿化率 85%，绿化宽度最宽处两百五十米，而最窄处为五十米。整个公园从东到西无一处不绿、无一处无花、无一处无景、无一处不美。

在"印象之舟"景区，一艘石雕的船上立着一杆石雕的风帆，这让许多游人眼前一亮。在船旁、湖畔，雕刻的鱼儿、乌龟，栩栩如生，充满动感，几位天真可爱古时装束的孩童正在水中抓鱼摸龟，孩童们那逼真的动作，全神贯注的神态，与鱼、龟、船、帆构成了一幅生动和谐的古时通惠河庆丰闸畔的美好风光。从这一景区设计中可以领略到设计师檀馨跨越时空的丰富想象力。

在一些景观处还设计了潺潺流淌的小溪，清亮明快的浅池，各种色彩造型的园林小路，别具特色的各式景观灯、地灯、草坪灯、路灯，形态各异、色彩缤纷的花坛、花台、花地、花带，式样情趣迥然不同的公园座椅，这一切都让游人眼前一亮、耳目一新、心情愉悦。

要让人眼前一亮，还要从现代走到历史文化、民俗、民风之中去。除了"京畿秦淮"景区与"印象之舟"景区中呈现出来的历史积淀外，设计师檀馨还将庆丰公园 26.7 公顷面积上的全部古槐、古树统统完整地保护起来，给这些百年古树最好的生存地盘与生长空间，将它们视为庆丰公园中有生命的活的历史，有了这些古树就有了庆丰公园的历史文脉。

在这些古树中，有一株古槐意义非同一般，那是一株与文学巨匠曹雪芹饮酒作诗相关的老国槐。在这株老国槐下，后人已为它立了一块匾，上面书写着这样的文字：

文槐忆故

相传这株古槐已有500多年的历史，在公元一七四八年前后，文学巨匠曹雪芹曾多次往来于香山和通州间，途经庆丰闸常在此槐树下候船闲坐或与友人饮酒赋诗，曾写下许多不朽的诗篇，故后人称此槐为"文槐"。

"文槐"连着曹雪芹，文学巨匠曹雪芹更是与中国文化、中国历史、中国民俗民风紧密相连，将这株文槐保护好，是庆丰公园传承中国历史、文化的浓墨重彩的点睛之笔。

另一株古槐树在槐荫庭中，为这株古槐也设了一块匾，匾上书写着：

槐荫庭

此株古槐为二级保护树，树龄约200余年，冠幅约15米，高10米，胸径95厘米，姿态优美、古雅拙朴、绿荫如盖、一树成景，观赏价值极高。

还有一株古丝绵树，这株树已有近百年树龄。丝绵树在北京十分少见。此树的树叶与香山的红叶十分相似，每到秋天全树一片火红，不仅树叶变红，果实也是红色的，因此从远处看去就像是一团火。

庆丰公园中还有一块条石，上面刻着苍劲有力的三行字，字的内容是：

庆丰闸始建于元，

通惠河水，波光映舟，

千帆竞泊，热闹繁华。

这块石条将庆丰闸建于元朝，通惠河波光映舟的美景，以及千艘漕船驶过通惠河，热闹而繁华的历史情景生动地描绘了出来。

1998年国家在修复通惠河庆丰闸遗址时，在通惠河北岸修建了长七米的石匾，石匾上书写镌刻了五个大字：

庆丰闸遗址

在通惠河庆丰闸北岸与南岸设置了元代镇水兽、石刻青龙与泗马吉祥物。设置镇水兽也好，摆放青龙也罢，都表达了中国古代历朝历代的官员与百姓，企盼河水丰满，远离干涸与洪水，保证通惠河漕运畅通，庆丰闸繁荣的真实心愿。

除此之外，庆丰闸上的《鸿雪因缘图》清代古装壁画，记录了中国古代天文学家、水利专家郭守敬设计、指挥修建通惠河，以及明清两代继续维护通惠河历史的墨玉石刻板，这些都是通惠河庆丰闸历史文化宝贵的见证。

上述这些历史留存下来的珍贵文物，是庆丰公园区别于其他任何一座新建公园最宝贵的财富。设计师檀馨很好地抓住并利用了这些历史元素，让它们为庆丰公园传承中华历史文化服务。

例如，在"文槐忆古"这一景区，檀馨在文槐古树近旁设计并安置了石桌、石凳，紧靠石桌凳还设计并摆放了五只酒坛，当然这些酒坛都是石雕而成。

这一场景将当年曹雪芹与友人在文槐树下饮酒作诗的历史画面逼真地还原出来，让游人触景生情，而游客们也可坐在石凳上，并在石桌上放上一壶此地有名的好酒，与一起前来的挚亲好友在这里开怀畅饮。这一构思、创意与设计理念将历史与现代拉近，既传承又创新，实现了将历史文化与现代文明融为一体的目的。

在庆丰公园畅游了一个下午，准备离开时，太阳已经垂到了西边。五彩的晚霞映照在通惠河庆丰闸上，河面上水波荡漾、金光闪闪。

一群燕子旋转着、追逐着从水面掠过；

几条鱼儿从水中跃起又潜入；

一对年轻恋人依偎在河岸栏杆旁轻声柔气地倾诉着真情与爱恋；

一位中年男子坐在河岸的椅子上吹着心爱的笛子，身旁小女儿幸福地靠在爸爸的身旁，父女二人沉浸在美妙的笛声中；

一对两鬓斑白的老夫妻顺着河畔宽敞的亲水平台静静地散着步，欣赏着美丽的河光水色；

几位中老年妇女在河畔一个平台上兴高采烈地踢着毽子，不时传来她们阵阵的欢笑声；

在她们近旁七八位中老年人快活地唱着他们年轻时最流行、最喜爱的歌曲；

在染上金色晚霞的绿草地上，一位年轻、漂亮的妈妈正在与她一二岁的儿子玩耍，妈妈将花皮球抛出，儿子摇摇摆摆走过去将皮球抱起，走回妈妈身旁，扑进妈妈怀中；

一位老汉用轮椅推着与自己相伴一生但已偏瘫的老伴，老伴从怀里取出手绢，怜爱地为老汉擦去额头的汗水；

在五彩的晚霞下，在庆丰公园和谐的氛围、优雅的景观、宁静的环境中，每天都呈现着五彩的故事、美丽的人生与幸福的回忆。

这位媒体女记者在用生动的文字表述了她对庆丰公园的深刻感受后，十分认真地问道："庆丰公园确实让人'眼前一亮'，朝阳区、北京市的领导一定对新建的庆丰公园十分满意吧？"

檀馨高兴地回答道："朝阳区的区委书记、区长确实十分满意，说确实达到了让人'眼前一亮'的效果，夸我所设计与指导建设的庆丰公园正是他们所想的。市委书记也来到庆丰公园视察，对公园的设计与建设表示了肯定。"

"在庆丰公园最南侧的铁路一带，看到还有一些破旧、低矮的平房，肮脏的小胡同，从这些残留下来的胡同与平房可以想象出来庆丰公园是在多么差、多么脏的环境下进行建设的。"女记者说道。

"的确如此。这里是有名的都市村庄，环境肮脏、污水横流、房屋破败、胡同拥挤、设施落后、交通阻塞是这里的最大特点。"檀馨继续道，"当时，我们对庆丰公园的建设，就是在区政府对这个都市村庄进行大力拆除的后期开始的。区政府经过周密组织、精心部署，用了近三个月，搬迁拆除了七百八十三户居民，其中包含两家中央企业与十六家国有企业，当然其中也遇到了钉子户，区领导为此做出了很大的努力。由于整个工程项目启动晚，因此留给我们的施工时间只是正常情况下的十分之一！这一极其有限的工期，用以往任何正常的思维都是无法接受与执行的。"

"这是一块硬骨头，工程重大，同时又要求水平高、质量好，工期又是如此之短，您是用怎样的方法来迎接这一严峻的考验的?"女记者问道。

檀馨思考后回答道："这一次我采取了调动创新景观园林设计公司全体设计人员与工程技术人员集体的力量，群策群力，人人都冲上一线，个个都贡献才能的方法。因为经过十多年的努力，我一手培养的设计人才已经成长起来，第一批中已有了教授级高工，他们年轻有为、精力充沛、才思敏捷，已基本上具备了独当一面的能力。我培养的第二批、第三批设计团队也正在迅速成长当中。这些年轻人有激情、有干劲、有才华、有事业心，他们起早贪黑，没有节假日，每天十几小时紧张工作在庆丰公园工地上，许多人都吃住在工地上。一些不住在工地的设计师与工程技术人员在公司开完了会或办完了事，往往都下午四点多钟了，心里还惦记着工地的工程，急着往工地赶。一些住在工地的设计师与工程技术人员完全把工地当作了自己的家，把工程中的每一件事、每一个细节都当成自己家的事，认真、负责、仔细地去应对、去处理。"

"您经过多年努力的确亲手带出了一支好队伍，这点实在太重要了。"女记者说道。

檀馨充满感情地继续说道："北京夏季的七八月份的工地上，晴天，骄阳似火、炎热难当、汗如雨下；雨天，大雨倾盆、场地泥泞、周身湿透。然而我们公司的设计师与工程技术人员无一人叫苦叫累，无一人退缩不前，大家为了庆祝国庆，为了北京的光荣、公司的成就，艰苦卓绝、义无反顾地拼搏在庆丰公园工程的第一线。"

"七八月份的北京，光秃秃的工地可不比办公室中，也不比林荫道下，那是非常艰苦的，年轻人没有决心与毅力是很难坚持的。你们的员工确实是有理想、有觉悟、敢拼搏、敢打硬仗的好员工。"女记者由衷地赞美道。

"工地是个大熔炉，好设计师与好工程技术人员就是要在这个大熔炉中百炼成钢。工程刚一开始就遇到了一系列困难与麻烦。"檀馨回忆着继续道，"工地上第一项工程就是要将长一千七百米、宽十米、高两到三米的通惠河南岸的挡土墙用推土机堆成一个大斜坡，虽然事先查阅了地下的电力、热力、煤气、通讯、消防、自来水、下水道的线路图，但真的实际施工起来后，由于当年图纸不准，或是实际线路已有所改变，因此弄断各种管线，造成各种麻烦的事故频频发生，为此不但耽误了宝贵的施工时间，还增加了工程的资金投入。为了尽量减少出现管线被推断的事故，一线的年轻设计师与工程技术人员每时每刻都盯在工地现场，尽了最大的努力，也经受了多方面的考验。"

"电力、热力、煤气、通讯、消防、自来水、下水道，哪条管线一旦遭到破坏，都会引发一系列的连锁反应，现代大都市，停电、停水、停煤气、停电话、断网线都会给办公、生产、生活带来严重后果，绝不是小事。"女记者认真地说道。

"正因为事故会产生严重后果，因此我们公司的年轻设计师与工程技术人员才感受到了身上巨大的责任与压力。"檀馨认真地回答着继续道，"而年轻人正是在责任与压力下才能获得真正的考验，并在考验中汲取经验，获得收获，成长起来。"

"百炼成钢。在实践中锻炼才能、磨炼意志、培养毅力，这一方法是正确的。"女记者说道。

"设计师与工程技术人员在第一线拼搏的热情、执着与真诚，感动了全公司的员工，在办公室中画图的绘图员，在二三线的其他员工都坐不住了，大家的心也飞到了工地，要与工地设计师与工程技术人员一起流汗出力，一起为公司多做贡献。"檀馨充满激情地说道。

"庆丰公园之所以能在常规完全不可能完成的工期内，以超越常规十倍的速度，在中华人民共和国六十周年大庆前如期、高水平、高质量顺利完成，就是因为公司有这样一支优秀的由设计师与工程技术人员组成的团队。这个团队是公司的宝贵财富，有了这样一支团队，创新景观园林公司在今后的发展中一定会更好、更快。"女记者说道。

檀馨一边点头一边说道："在创新景观公司发展到一定阶段时我就认识到了这个重大问题。创新景观公司是我一手创建的，以往在社会上招标、投标、设计、施工全靠我一个人的资质、品牌与名气，但人是会老的，虽然我现在仍然思维敏捷、思路清晰、精力旺盛，但随着年龄增长，衰老总有一天会到来。那么，如果公司把品牌、名气全都集中在我一人身上，全要依靠我的知名度与才华，那么对公司未来的长期发展是十分不利的。为此，我从战略上做了重大调整，培养年轻团队，选拔有道德、有才华、有能力的接班人，让年轻人冲向一线整体作战，培养他们的独立设计才能、独立领导团队能力，树立他们的威信与知名度。"

"这是一家非国有体制公司可持续发展的关键所在。改革开放以来无数做强、做好、做大的非国有体制公司的一条重要的成功经验就是，首先一点要树立公司的优质品牌，扩大品牌的知名度、美誉度与影响力，同时，也要树立公司董事长的品牌知名度、美誉度与影响力，要让公司与董事长的名气一起上升，使企业在最佳的社会环境中获得良性循环、稳步发展。"女记者思考少顷后，继续道，"公司的品牌与董事长的品牌都树立起来了，但董事长是会老的，因此另一个重要点就是要找好接班人。接班人可以定为董事长的后代，但如果后代在智慧、才能、意志、经验等方面都不足以胜任，那么一定要选拔一位非常优秀的CEO，以他的人格、品德、智慧、才华与经验帮助新接班的年轻董事长，将公司经营好、发展好。这样这家公司才能获得长远的发展。"

檀馨深深地点头，表示赞同，并继续道："成功设计并建设庆丰公园是创新景观园林公司发展中的一个重要里程碑。庆丰公园是北京市、朝阳区献给祖国六十年华诞的厚礼，因此庆丰公园工程一定会庄重地载入北京市与朝阳区的发展历史中；而庆丰公园同样是创新景观园林公司献给祖国、北京市与朝阳区的一份厚礼，因此同样应该用浓重的笔墨、翔实的资料、精彩的文字写入创新景观园林公司的发展历史中。"

"您现在所做的正是这样一件对创新景观园林公司十分重要的大事。"女记者说道。

檀馨又一次点头后说道："在庆丰公园的设计与建设上，我只在总体上把关，去处理一些重大问题，坚持将公园规模做大、做精、做出档次。针对一些雕塑家认为时间太紧，不可能按期完成雕塑作品的顾虑，耐心地做雕塑家的思想工作，鼓励他们打破常规，重新安排创作时间，下决心如期交付雕塑作品。为争取时间，一些精雕细刻程序甚至可以待雕塑作品立在公园后，再后续进行。在总体上把关后，各个分项目都分给公司的年轻团队自己去闯、自己去想、自己去干。我更是将重担子压给了我培养的高工们，让他们带领年轻的团队去拼搏、冲杀。在庆丰公园建设成功后，当领导来到公园视察、表扬时，我又主动将带领团队做出贡献的高工们介绍给各级领导，让领导们认识他们，对他们的才华与能力留下深刻的印象，这是我要有意推出年轻一代设计师的一个重要的具体行动。只有年轻一代设计设与工程技术人员都顶上来了，都有成就了，都有名气了，都成了人物了，那么创新景观园林公司才会后继有人，前程似锦。"

庆丰公园建成后，檀馨在网上查阅资料时，无意中发现网上许多百姓留下了对庆丰公园、庆丰闸的喜爱与赞美的评论。这些评论，情感真实真切，语言朴实无华，令人十分欣喜与感动，在此摘编了其中的一部分：

"无意中经过这里，庆丰公园感觉很新，不知道是什么时候有的，人也不是很多，环境还不错，花花草草的，空气很新鲜，住在周围的人时不时来这儿遛遛弯，肯定很舒服。"

"刚建好没多久的庆丰公园，每天上下班路上都要经过，有一次和老公散步到这里，才发现这个细长形状的公园还真是不错。这里散步的人很少，大片的草坪，造型别致的观景台，随处可以休息的座位，纯白色的雕塑……这里真好像是自家的后花园。"

"每天上班路上都会路过这里，看着庆丰公园一点一点地建成，心里很是欢喜。以前这里我一直觉得有些煞风景，现在总算顺眼多了，很不错。"

"因为经常会去通州朋友家玩，所以目睹这里从荒凉的工地变成漂亮的公园。里面的造景很不错，帆船型的观景台非常有新意，铺好的石板路，还有人工雕琢的小桥，给周围的居民提供了一个很不错的休闲、锻炼之地。"

"庆丰公园是沿通惠河南岸东西走向的一个公园。印象最深的就是晚上下班的时候，三环路东侧庆丰公园和夜景灯，我想那应该是一个帆船一样的模型，在夜景灯的映衬下，很漂亮。"

"每天开车都会路过这里，眼睁睁地看着这里从一片平房被拆为废墟，在一个月的时间里，每天都好奇将来会是什么样子，终于在一天天的等待中，看到了它的庐山真面目！这里修建成了一个很漂亮的街心公园，确实很好看。沿着通惠河的一面，做成了帆船样子的看景台，看似不经意的人造小河，沧桑感十足的大理石台阶，还有硕大的一块户外电视屏，无一不显示出这里的别具匠心。很适合周边的居民休息。庆丰公园改善了环境，美化了城市，丰富了生活！"

"庆丰闸（庆丰闸即庆丰公园，以下类同）很好玩哦！它在北京，风景秀丽。让人眷顾的风景，引来各国游客前来游览。庆丰闸是一座规模宏大的历史古迹，喜欢历史古迹的朋友就快来这里游览吧！"

"河边漫步是一件不错的事情，到庆丰闸边漫步更是一件爽事。熟悉庆丰闸的人都会被这里浓烈的民俗、民风所征服，快来庆丰闸一游吧！"

"在网上看到庆丰闸景色不错，就决定到此一游，没想到来到此处后比我想象中的更美，于是，就拍了许多庆丰闸照片带回家放在网上，希望大家喜欢。"

"过去，我们的办事处就在那片河边的破房子里！现在庆丰公园街头绿地景色美了，那几个小雕塑很不错。街头公园，路边小景，有儿童心，有少年趣，是老百姓的好去处！"

"庆丰公园的小景很精致，置身大都市更显灵性！"

"在北京，这样的庆丰公园，属于街头公园，老百姓随便进出，遛遛弯儿，做做操，让鸟儿在园子里叫一叫。还是京城好啊！"

"庆丰公园有水、有景、有花、有树，可以遛狗、遛鸟、散步、做操、跳舞、打拳、舞剑、唱歌、聊天。"

"北京公园太多了，老百姓生活质量提高了。庆丰公园建在家门口，方便了居民综合利用，附近的居民有福了。"

"关心时事，经常走走逛逛的人，最能体会祖国巨大的变化。现在国家花在百姓生活基础建设上的钱可真不少，公园、健身场所、绿化等，百姓生活真是一年比一年好了。"

俗话说，"金碑银碑不如老百姓的口碑"，檀馨无意中发现的这些来自百姓的赞美和点评，实际上是对她，对她所创建的创新景观园林公司以及公司年轻的设计团队、工程团队的最真实、最有力、最好的褒奖！

铭刻在百姓心中的口碑，将与江河同流、日月同辉、历史长存！

第十一章

通州新城滨河森林公园

在园林工程设计与建设中锻炼并培养技术骨干，形成一支有专业知识，有实践经验，敬业奉献，团结合作，吃苦耐劳，能打硬仗、大仗的团队，这是檀馨从创建北京创新景观园林设计公司之初就确立的战略目标。经历了二十多年的打拼、发展，这个目标终于实现了。

有了这样一批优秀的骨干和优秀的团队，才能承接重大园林工程，公司未来才能可持续发展，公司的事业也才能兴旺发达。

2008年底，北京通州区林业局局长找到了檀馨，告知通州区公路局将在北运河两岸河堤上修建公路，而通州区林业局则将在公路两旁种植行道树，对北运河两岸进行绿化。

檀馨听了林业局局长提出的计划后，到北运河通州段进行了现场考察，回来后又翻阅了大量与通州北运河相关资料。到现场一看，再从历史上一查，使檀馨的思路大开，创作激情油然而生。檀馨立刻清醒地意识到这条有着厚重历史积淀与深刻文化内涵的北运河，如果仅仅只是在河岸上种上几排行道树，这实在是太简单了，这是对北运河历史与文化认识的不深刻，也是对北运河这一宝贵地理、人文资源的不理解，同时更是对北运河两岸百姓的不负责。

于是，在多次专业会议上，檀馨同与会者一起深入探讨了北运河的历史、文化，并谈出了自己的观点：

北运河位于通州区东关，中国的大运河与万里长城一样，名扬世界，是祖先的惊世壮举、千秋伟业。京杭大运河与万里长城、埃及金字塔、印度佛加大佛塔被公认为"世界最宏伟的人类古代四大工程"。

大运河共分五段，自北端通州至天津段定为北运河。自古以来，北运河有过许多名称，如：鲍丘水、沽水、潞水、潞河、白漕、通济河、外漕河、自在河、泗河等。北运河在漫长的历史上为京城建设、百姓生活、南北物资交流、中外文化的沟通，做出了巨大贡献。

古诗云："一支塔影认通州"。在古代，一座点燃烛火的灯塔矗立在大运河的北端，它是通州的标志性建筑。北运河和南运河交汇在天津，大运河漕运鼎盛时期，在天津至通州，每年有二万多只运粮的大漕船浩浩荡荡、气势磅礴地从北运河上驶过。押运粮食物资的官员兵卒每年可达到十二万人次，除漕船外，每年有多达三万只其他各类商船经过北运河。

南运河、北运河的大繁荣将一个毫无名气的直沽寨，扬名成为举世闻名的"天津卫"。

而通州也因北运河而得名——通州，取"漕运通济之义"。古代通州，因北运河而经济繁荣、商贸鼎盛，历史上曾出现"漕艇贾舶如云集，万国鹕航满潞川"的繁景盛世。

通州有八景，均与北运河相关。这八景是：

柳荫龙舟

二水会流

长桥映月

漕艇飞帆

风行芦荡

白河泛舟

万舟骈集

古塔凌云

北运河上有许多民俗、民风、民间的历史传承。

运河开漕节就是北运河上具有鲜明运河特色的大型民俗活动。

开漕节始于明代，是古代通州独有的大型文化活动。活动场面浩大、气氛热烈、民俗特色浓郁。开漕节的春祭于每年农历三月初一，清明节前，开河后第一帮粮船到达通州后，即择日举行。

开漕节上舞狮在钹鼓、鞭炮声中起舞。

脚行扛夫组成的"双石会"急速登场。

单臂举石锁、仰卧蹬磨盘、叠罗汉、耍石墩等节目演至高潮时，由一彪形大汉双肩两腋各扛夹一袋粮食。大汉负重超千斤，可称神力。

坝下则有"大头和尚度柳翠"的表演，演出时只舞不唱。

之后是浩荡的巡坝表演，紧随巡坝的是连舞带唱的"莲花落""太平调""打花棍""地秧歌""小车会""跑驴"表演，而"高跷会"则最后压阵。

在空旷地方有"五虎棍""少林拳""耍叉"等多种表演。

中午时分，饭馆酒楼，酒香菜美，食客满棚，好吃鲜的人则去运河边饭棚子吃刚捞上来的活鲇鱼，喝鲜鲫鱼汤。这一切给世人展现了一幅别具特色、鲜活的运河文化。

"枣红若涂"，是对北运河两岸风光美景的经典描述。历史上北运河两岸的枣树为河岸带来了秀美的野趣风光。夏末初秋，当在城里读书的学子们乘船返回北运河家乡时，两岸的枣树一片火红，就好似上天用一只巨大的刷子将红油漆涂染在枣树上，从远处看去红中透艳，美不胜收。

檀馨在与通州林业局局长及相关人员探讨中，在摆出北运河历史、人文、民俗的同时，针对北运河的优势与现状，提出了自己对北运河绿化建设的设想：

宽达两百多米的北运河，水清河静、视野开阔，两岸河堤宽达四百多米。

蜿蜒的河岸，河岸上现有的柳树、桃树、李树、枣树为在这里造景打下了很好的基础。因此，在如此有水、有树、有河、有林的北运河两岸，绝不是仅仅种上几排堤岸公路行道树就万事大吉了。一定要很好地利用这条北运河，利用河堤两岸广阔的面积，要将通州北运河的历史、文化、民俗、典故都充分挖掘出来，巧妙地加以利用，要借用现有的景色、林木、果树，为创造新景观打下基础。

通州林业局局长是一位新上任的年轻有为的开拓型领导，他在与檀馨的共同探讨、研究中很受启发，能把北运河的绿化工作推向一个更高的层次，是通州区领导、广大通州百姓和他本人都十分欢迎的好事。因此，他不仅对檀馨的知识与经验十分尊重，更是全力支持檀馨对策划、建设北运河的设想。

檀馨也与创新景观园林设计公司的园林设计师们在一起进行了大量的分析、研究，不仅多次前往北运河现场，还查阅了许多历史资料，在檀馨带领下，经过大家的共同努力，总体策划思路逐渐清晰起来。经过与通州林业局局长，以及通州区区长多次探讨、交换意见，通州区区长、林业局局长已了解了檀馨所代表的创新景观园林设计公司的设计思路。

接下来，在由通州区区长主持召开的专业研讨会议上，檀馨将经过与创新景观园林设计公司设计师们多次研究，并与区长、通州绿化局局长多次交换了意见后将对通州"新城滨河森林公园"比较完整的构想谈了出来。

在畅谈了大运河、北运河的历史、文化、民俗传承之后，檀馨谈到，1984 年费孝通先生对大运河通州段考察后，就曾向有关部门建议，对已沦为城市排污河道的运河进行治理改造，以恢复运河水质和沿河风貌。

自从费老提出这个正确建议后，有关运河治理的呼声就从未间断过。

2006 年 3 月，五十八位政协委员联名向全国政协十届四次会议提交了一份提案，呼吁从战略高度启动对京杭大运河的抢救性保护工作，并在适当时候申报世界遗产项目。园林界的著名学者郑孝燮、罗哲文等人也都为之进行了奋斗与努力。

大运河的灿烂辉煌历史，是多少社会名人、有识之士所珍惜、所重视，并要竭尽全力弘扬的。随着中国国力的强盛，再创大运河的辉煌，正在逐步成为中国政府的行动。

而作为大运河北端进入京城的最重要部分的北运河，历史已把这个重担传递到我们这代人的身上。这是檀馨与创新景观园林设计公司设计师们的责任与光荣，也是在座的通州区各位领导与干部的责任与光荣。

檀馨的这一番话，有历史依据，有事实，表述实在、情感真挚、态度诚恳，一下子点燃了在座领导与干部们的激情。

在研讨会上檀馨继续表述道：

对于通州新城滨河森林公园，应该主要强调立足在田园风光的特色上，要突显原生态、自然美，要利用自然风景、人文传承、弘扬北运河的运河文化，并结合当代人的生活情趣与爱好，引入休闲、旅游、度假、野餐活动，将运河文化创新提升到一个新的层面。

北运河两岸原有的林木、果园、农田、鱼塘、湖水都要很好地保护并利用起来，成为森林公园的一个重要组成部分。

例如，可以设一个景点就叫"双锦天成"。就是游人们可以在鱼塘中钓鱼，在鱼塘旁的果园中摘收苹果、桃子与李子，在鱼塘与果园中都获得收获，这就是"双锦"。丰硕成果、锦绣前程，在这里由上天帮你成功。

为此，在设计与建设中，要对原有的鱼塘、果园在利用的基础上，进行重新改造、提升，使其更生态、环保，更能为游人提供文化知识品味、娱乐度假乐趣，并能收获实惠。

檀馨在会上的介绍让全体与会者既激动又兴奋，自己的家乡，祖祖辈辈生活在这里的北运河，要变成一个美丽的大型滨河森林公园，这怎能不让人激动与兴奋！

檀馨的介绍还在继续着。

十千米长的北运河，两百米宽的河面，两岸万亩林木，面对这样一个幅员广阔的公园，景观设计的立意与定位是：

从远处宏观上观赏，给人以气势磅礴、壮观宏大的视觉冲击，大水面、大树林、大景观将以恢宏的气势呈现在游客面前。

为了让游客能从高处鸟瞰北运河河光林涛的壮美，将考虑在月牙形岛上设计一个有一定高度、林木繁茂的小山，山上有亭子。在这里游人们既可欣赏百鸟优美动听鸣叫声，又可放眼观赏北运河一望无际流淌的河水与两岸此起彼伏的林涛。既满足了耳福也饱了眼福，与此同时，由于坐在亭中，两条腿也得到了休息，真可谓是一举多得。

由于这个半岛鸟语花香、美丽如画，因此这个景观区设想定名为

"月岛闻莺"。

远看要有气势，而近看则要做到景色旖旎、秀美恬谧、舒适宜人，有园林、有鲜花、有情趣。

依据北运河现有的基础与特点，抓住"水""树""景""古"这四大要素，并突出、提升与展现这四大要素。

"水"——运河平阔如镜。

宽阔绵长、水平如镜的河面，不仅让游人在观赏中获得美的享受，还要考虑建立若干个码头，这些码头既要传承北运河的历史文化，更要具有现实的功能，能让游人从码头上登上游船，徜徉在北运河上，饱览两岸风光美景。

在河上还可设置横跨北运河的渡船，可举行民俗民风的龙舟比赛，也可进行具有现代体育特色的高速摩托艇竞技。平静开阔的水面，为丰富多彩的水上活动与表演，提供了一个极佳的天然大舞台。

"树"——平林层层如浪。

层层叠叠、起伏如浪的森林，不仅给久居城市中的游人带来享受、亲近大自然的舒适与欢悦，还能在这里呼吸到人群高度密集的市区中根本不可能享受到的负氧离子极高的纯净新鲜空气，万亩林涛是北京东部一个极好的天然大氧吧。

在林中可考虑建立一个"丛林欢歌"景点，设置一些健身康体的娱乐场所与设施。游人，特别是游人中好运动的年轻人，可以放松身心，在这里舒心活动、欢快度假，尽情享受这里的空气，充分欣赏这里的美景，调节舒缓自己的心情。

"景"——绿杨花树如画。

桃红柳绿、繁花似锦，在北运河两岸不仅要建立穿越森林"林路"，还要建立赏花的"花路"，婀娜婆娑的杨柳，粉白娇艳的桃花，金黄鲜亮的杏果，紫红饱满的李子，在秋日的阳光下熠熠生辉，让人陶醉愉悦，令人心旷神怡。人在花中走，似在画中游，其美、其雅、其乐，这如入仙境般的享受，只有花中人、画中客，自我独晓、自我独知、自我独享了。

"古"——皇木沉船如烟。

皇木沉船，历史古迹，在北运河上，让游人们触景生情，从往事的浩渺烟云中，追忆昔日漕船运输的繁荣，码头装卸的繁忙，人鼎沸腾的喧嚣，酒馆茶楼的热闹。游人不仅在这里赏景、戏水，更在这里回眸历史、传承文脉、增添知识。在榆槐古树下、在茶棚中，上了年纪的人，回味上世纪五六十年代的峥嵘岁月、艰苦生活、思今忆昔、感悟人生。念古、思古、忆古，怀古，将成为"皇木沉船""茶棚话夕""榆桥春色"这组景点的中心主题。

初步的构想是依托一河、两岸，建设六大景区、十八景点，形成北京东部一处集生态、景观、人文、旅游为一体的可观、可游、可赏、可用的通州新城滨河森林公园。

檀馨对通州新城滨河森林公园所描绘出的这幅壮美蓝图，受到了与会者的高度好评。大家感到这个构想既联系了北运河的现状，又突显传承了北运河的历史文化，实现了有创新、有思想、有特色，并可实际操作。按照这一构思建设的通州新城滨河森林公园将对北运河、通州区，乃至北京市的发展产生一个巨大的推动。

在通州新城滨河森林公园专业研讨会上，针对通州交通局对环北运河设计的堤岸公路与北京市区普遍可见的三大板块的马路设计完全相同时，檀馨则提出了自己不同的观点。

檀馨认为，通州新城滨河森林公园中，环北运河的公路的主要功能是为了方便游人游览、赏景、观河所用的，若建成普通的三块板式的马路，那么，只能有一条自行车道与一条行人道靠近北运河岸，而另一条自行车道与另一条行人道将隔着两条机动车道而远离北运河，这样对前来游览的游人将造成极大的不方便，受影响最大的将是骑自行车的游人。

为此，檀馨提议将双向自行车非机动车道都建到靠北运河河畔，双向行人道则更靠近河岸。这样骑车、步行的游人可以随时停车、驻足来到河边，观赏河面与河岸的景观，不会受到机动车的影响与干扰。这个建议很快就被区长认可，也受到了与会者欢迎，并在实际建路中被采纳。

汇集了创新景观园林设计公司设计师们集体智慧，对通州新城滨河森林公园的构想方案，在通州区区长主持的专业研讨会上获得了一致通过。

之后，檀馨与公司的设计师们又继续深入浅出、通俗易懂地向当地政协、人大相关部门、广大群众做了许多宣传工作。能让自己的家乡变美，能让北运河成为光彩照人的滨河森林公园，能让滨河森林公园成为一个吸引众多游人的旅游区，这极大地鼓舞了北运河两岸的百姓，也振奋了通州区的各级干部。通州新城滨河森林公园的构想方案在通州区人大、政协及相关部门也先后获得了高度好评与一致通过。

2009年初正是国际金融危机席卷全球并开始影响中国的时候，中国政府高瞻远瞩，决定以扩大内需来应对来势凶猛的国际金融危机。扩大并拉动内需，就必须要发现、寻找并确立利国利民的大型项目，并对这些项目进行投资。而此时，北京市发展和改革委员会正在寻找能拉动内需的大型项目。

通州新城滨河森林公园的设计构想方案，在受到通州区政府好评与欢迎的同时，市发改委也从通州区政府这里了解到了这一构思创意方案。市发改委的领导与专业干部凭着多年的职业经验，敏锐、及时地发现了这一个项目是一个拉动内需、保经济增长，并能在北京城市建设中加大生态、环保、水利、人文、历史权重，造福北京、通州区与北运河两岸百姓的大型绿色生态工程。

檀馨与创新景观园林设计公司设计师们对通州新城滨河森林公园的开拓性创举，在北京开了一个好头。市发改委领导与专业干部，迅速举一反三，北京密云、延庆等远郊区还有着十条河流，北运河一河，在市发改委的果断决策下，带出了京郊十条河流。

在拉动内需、保经济增长的大形势下，通州新城滨河森林公园获得了六亿六千万元投资，其中市政府投资高达四亿六千万元，通州区政府自筹两亿。一项园林工程投资六亿六千万元，市政府还直接投资四亿六千万元，这对于通州区来说是空前的。

以北运河通州新城滨河森林公园为龙头，市政府将在两年内建设十一座有水、有林的大型滨河森林公园，且新建的十一座滨河森林公园全部免费对社会开放。

檀馨万万没有想到，她一个园林设计师能起到北运河通州新城滨河森林公园的一河、一园带出了十河、十园的重要作用。而北京的这十河、十园后面则是一串令人欣喜、振奋的数字：

北京新城绿化率将提高 5 个百分点。

绿地中的城市森林比重将从目前的 35% 提升到 50%。

全市将新增森林公园十万二千亩，绿地总量将达到近三十万亩。

市政府的六十三亿元投资，将在拉动内需、保北京经济增长中发挥重要作用。

十万二千亩滨河森林公园将给多少百姓带来欢快与幸福，将使多少百姓身心受益、健康长寿，这些就很难用确切的数字统计了。

　　五十三亿元投资将使多少人获得工作岗位，将使多少家庭经济得到改善、多少企业获益，这也很难精准统计。

　　这五十三亿元投资，这十一条河、十一座公园，将确确实实、真真切切地造福北京与全国的千百万百姓，这将被写入北京的发展历史，并永载史册。

　　从创意构想到设计方案的招标书，又是一场硬仗。在时间非常紧张的情况下，檀馨带领公司的设计师团队，发扬敢打硬仗、大战，不怕吃苦、不怕疲劳的企业精神，在很短的时间内将创意构想落实为通州新城滨河森林公园的设计招标书。由于创意构想已与相关领导、相关部门进行了多次沟通，因此，招标书很快在经过规划、土地、水务、市园林绿化局的审核后，被通县林业局批准。

　　投资六亿六千万元的万亩通州新城滨河森林公园的设计中标，对创新景观园林设计公司来说是一个具有里程碑意义的重大胜利，这是公司创建以来承接的最大的一个园林工程项目，这显示出创新景观园林设计公司已发展、提升到了一个新的层面，预示着公司今后可以承接十亿、十几亿，甚至几十亿的大型、超大型园林设计与建设工程。

　　通州新城滨河森林公园是在长达十千米的北运河两岸建设的。北运河从西北部的六环路桥，又称潞通桥开始，向东南方向延伸，经宋梁路桥、甘棠大桥，至武窑桥结束。

　　一座大厦要有主大门，一个公园也要有一座主大门，主大门就如同人的一张脸，将给人留下第一深刻的印象，为此檀馨与创新景观园林设计公司的设计师们在主大门的设计上动用了许多资源，下了很大的功夫。

　　在主大门的设计方案上，有中国民俗民风浓厚的版本，有自然乡野风味浓郁的版本，也有简约流畅现代风格的版本，应该说每个版本都很美，都有其优势，都是设计师知识、经验、智慧与创新的劳动结晶。

但优中选优，更加能贴近、更能反映北运河历史、文化的主大门设计，最终脱颖而出。

在主大门右侧，在长约三十米、高一米的石质基座上，竖立着三块白色的大型天然石材，第一块主石材高八米、宽二米五、厚一米，在其一侧的两块配石材，各高三至四米、宽二米五、厚八分米。从远处看去，石质基座好似北运河上的一只漕船，而主石材好似漕船上的白色主帆，两块配石材就如同漕船上的两个副帆。"通州新城滨河森林公园"一行红字就镶刻在白色主石材上，十分鲜明夺目。而对于公园的建设与介绍，则镶刻在另外两块配石材上。将北运河漕船、白帆、山石与公园主大门有机地联系在一起，可谓是创意新颖、构思巧妙。

公园主大门地面采用了水纹铺装，绿篱则是对水纹铺装的延续。公园主大门中央是一个绿岛，环抱并与绿岛相伴的是半圆形的大规格、大体量的常绿树与落叶树，而远处层叠起伏的林涛则与公园主大门的这些绿树遥相呼应、互为烘托。

公园主大门的华灯，好似一棵棵亭亭玉立、伸展枝杈的小树，别有一番匠心与情趣。

北运河的船、北运河的帆、北运河的树，在公园主大门有限的空间中，突显出了北运河的史情与文脉，这真是妙笔生花的经典创意与设计。

穿过主大门，顺林间之路北行，首先来到了"丛林活力景区"。

景区的西部就是"双锦天成"景点，在这里左侧是一片鱼塘，右侧则是一大片的果园，好钓鱼的老人，喜爱尝鲜的妇女，在这里可尽兴休闲、获得收获，其余的游客都可以在这锦绣如画的田园中，得到美的享受与物质的回报。

设计师们巧妙地利用了北运河两岸原有的鱼塘、果园，并对其进行重新设计、提升，使其符合郊野公园游人的需求。当然游人在获得钓鱼、采果愉悦的同时，当地承包管理鱼塘与果园的农民也是能获得经济收益的，其目标是游人与当地农民都要获得双赢。

继续向北走，来到北运河河岸边，这里古时是一个很大的漕运码头，每年的开漕节就在这里隆重举行。

开漕节上一项重要活动内容就是祭坝。祭坝有春祭、秋祭之分，春祭又有公祭、民祭之别。

公祭由官方主持，各方有头面人物参加，是正式的祭祀活动，仪式盛大而简约。祭拜时奏弦、管、笙、云锣等乐器。石坝两端由人装扮的狮子蹲踞，雄狮在左，雌狮在右，并各有耍绣球的和小狮陪伴。

为了能在今天很好地展现北运河上当年开漕节的盛况，在这个漕船码头上修建了一个很大的广场，今天的人们可以利用这个广场在这里举行模拟当年开漕节盛况的大型活动，就像天坛公园每年都要举行模拟当年皇帝盛大隆重的祭天活动一样。

为了给这个广场烘托气氛，在广场靠近河岸处，设计了一排漕船，船头直指北运河。木制的漕船上种植了大体量的落叶树，这一创意起到了漕船风帆的意境。

码头的平台十分宽阔，既可停泊大游轮，也可停靠多只小游艇。为了使游人在候船时能遮阳防雨，在码头上设计了一排造型时尚的遮阳棚。临岸平台采用了实木地板、实木台阶与石砌护栏相结合的设计方案，给人留下了简约、流畅、自然的深刻印象。从这里上船既可以到达河的对岸，也可在北运河上顺河航行，畅游观景。

由于通州新城滨河森林公园面积多达万亩，北运河长达十千米，因此，年轻人在此游览最好选择自行车。

通州区政府已经组织了首次"骑车逛运河、生态游通州"活动，一百五十名市民骑上自行车畅游在风光旖旎的北运河两岸，亲身感受并体验北运河的文化。通州区计划依托通州新城滨河森林公园设计建设的优势与特色，将北运河两岸打造成国内首个市民骑自行车旅游的基地，开创生态旅游的全新模式。

若是步行来此游览，在这个举行开漕节的码头上，游人就要做游览路线的选择了。

向西行，可去"月岛闻莺"景区，而向东行可去"丛林活力"景区的"丛林欢歌""风行芦荡"景点，再向东可到达"明镜移舟"与"高台平林"两个景区，而乘渡船过河可到达对岸的"银枫秋实"景区。

当然，公园设置了观光电瓶车，那么，对于中老年人、妇女、儿童或体质差的游人，无论向西、向东、向北行也就无所谓了，乘上电瓶车去哪都不必再担心时间的分配与体力的承受了。

现在，就让我们初步选择一条相对较好的游览路线吧。

从码头沿着河岸向西行，从一座别有特色的三孔桥上跨过后，便来到了"月岛闻莺"景区。

这景区的西侧有个景点叫"月岛画境"，在这里修建了一个八米高的土山，山顶设计了一个宋代古亭。由于四周没有山峦与高层建筑，因此虽然山高仅八米，但放眼望去，林海万亩、长河十里，一览无余、尽收眼帘。

山前建了一个招鸟林，林中建了中心观鸟岛，岛上还建了双层的观鸟屋。还确定了陆上观鸟路线、水上观鸟路线、固定观鸟点，以及游人不可靠近鸟类的生态保护区的约定。

由于不同的鸟类有不同的生活习性，它们喜欢选择不同的树木筑巢、生息，因此，设计师为鸟类选择了丰富的树种。在招鸟林中有白蜡、香椿、国槐、刺槐、梨树、杜梨、丁香、山楂、桑树、苦楝、洋槐等多样树种。在各种树上设计师还精心设计了圆柱形、三角形等多种式样的招鸟鸟巢。

丰富多彩的树种，式样多变的鸟巢，引来百鸟欢歌鸣叫，而百鸟中当属黄莺的鸣叫最婉转悠扬。似一轮弯月的河岛上，黄莺鸟啼声动听，让人心醉、令人遐想，为此这个景区得名"月岛闻莺"。

在月岛的周边，种植了毛白杨、榆树、新疆杨、侧柏、桧柏。

春景树种，种植了垂柳、馒头柳、油松、碧桃、山桃、西府海棠、连翘、迎春。

秋景树种，种植了银杏、元宝枫、黄栌、柿子树、水杉、栾树。

这使月岛四季轮替、终年常绿，妙似人间仙境、美如天然油画，为此得名"月岛画境"。

在"月岛闻莺"这个景区中还有一个"湿地蛙声"景点。

在这个景点，设计师利用月岛周边的湿地进行了重新设计、改造。形成了壮观、绵长的水面森林。设计师根据水中植物的不同习性、外观、色彩、体量搭配组合了若干个水面群落。

最西端是由水葱、荇菜、野菱、狐尾草组成的湿地西部群落。

中部是由菖蒲、睡莲、沉水菹草组成的湿地中部群落。

东部则是由芦苇、马蔺、槐叶草、香蒲、睡莲花、燕子草、苔草组成的湿地东部群落。

西、中、东三个湿地群落，完美地实现了月岛周边的湿地植物由湿地森林向湿地灌木丛、湿地草地、浅水沼泽、深水沼泽的过渡。

"月岛闻莺"景区的招鸟林，依靠丰富的树种招来了百鸟，但百鸟要在此长期生存下去、繁衍后代，没有丰富充足的食物是绝对不行的，而这西、中、东三个湿地群落，就是百鸟巨大的餐厅。

在这三个湿地群落中，有花蜜、香气的水生植物将引来蝴蝶、蜻蜓、昆虫和青蛙等湿地动物，而这些湿地动物正好是百鸟最好的美食。

于是，在设计师的聪慧创意下，一条由空中到水面的生物食物链就绝妙地形成了。

而湿地、洼地中成群的青蛙，不断传出的此起彼伏的蛙声，就成为湿地的一景，故得名为"湿地蛙声"。

"月岛闻莺"景区还承担了科普教育的职能，在岛上一些场所架设了高倍望远镜，游客们在这里可通过高倍望远镜将远处的飞鸟画面拉近，仔细观察不同鸟类的生活习性、活动规律，特别是鸟类的捕食，不用走近鸟类去干扰它们的生活。

在这里，游客们可极大地丰富自己对鸟类的知识。若经常来此，再多看、多学一些相关书籍，很有可能会成为一位鸟类专家。

由"月岛闻莺"折返向东，将是一条很长的路，年轻人可骑自行车直奔"丛林活力"景区的"丛林欢歌"景点，而中老年人可有两种选择，可乘电瓶车，也可从北运河上乘游轮，目标是直奔"丛林欢歌"景点。

在"丛林欢歌"景点中由西向东排列着"森林乐园""露天剧场""野营地"与"丛林迷宫"。这是一组主要为年轻人度假而提供的健身、娱乐、野营的欢乐场所。

在"森林乐园"与"丛林迷宫"中，设计师创新设计了许多极富野味野趣的活动设施。

在绿树环抱的一片沙地上，竖立着一座由条形实木建成的圆形堡垒。堡垒分为上下两层，从弧顶门洞中进入可直上二层。在二层错落设置了两个观景阳台，其中一个阳台旁由地面竖立了一根金属钢管，年轻人可以顺着钢管滑向沙地地面。整个堡垒顶部还设计了一个半球形圆顶，可起到遮阳防雨的作用。

在"森林乐园"的道路上人为设计了一些障碍物，其中一个障碍物是用粗大的圆状实木构成。年轻人经过这里时，必须弯腰低头从实木构成的夹缝中穿行，十分有趣。

"丛林迷宫"的大门也是用粗大的圆形实木建成。在大门的上门梁上雕刻了一组十分可爱的小动物，这为"丛林迷宫"增添了许多大自然的情趣。

由半圆实木与茅草建成的亭子设置在活动场地中心，游戏或活动累了可以到这里来休息。

在"森林乐园"与"丛林迷宫"近旁就是"露天剧场"，这是一个小型剧场，舞台的背景是一排高大的绿树，舞台本身是一个由石材砌成的圆形平台，由三层石阶与地面相连。舞台上方是一个亭状的圆形屋顶，木檩木椽上架着红瓦，既有野趣又十分端庄。圆形舞台正前方呈扇形向前展开的是一个坡形的观众席。观众席的长条木凳完全是由实圆木与实木板构成。这个主要以实木建成的"露天剧场"与四周的森林十分和谐，原生态、天然、绿色成了创意与设计的主旋律。

野营地是年轻人最喜爱的天地，年轻的白领们平日工作紧张、繁忙，他们久居大城市，平日家住在钢筋水泥大楼里，上班又是在钢筋水泥大厦中，当他们一下子来到这宽阔北运河旁的大森林中，当他们难得有机会与大自然在如此近的距离中亲密接触时，这些年轻白领们，这些正处于青春期的小伙子、大姑娘，他们活泼、好动、充满激情与浪漫，喜爱探索与冒险的年轻人天性与本能，在这里一下完全释放出来，就像存储在水库中的水，一旦闸门打开，就会一泻千里、自由奔腾。

为适合年轻人的特点，在这里修建了有七八个篮球场面积大小的野营"餐厅"。说是"餐厅",实际上是在森林环抱的一片空地上,用实木制作了几十张野餐桌,木桌与木凳是连在一起成一体的,充满了野趣与野味。野餐桌与柳树混杂在一起,中午就餐完全可以在大柳树的树荫下,遮阳避暑。

非常有趣的是,在通汽车与自行车的林间道路与"餐厅"之间的雨水沟上架起了一座纯原木的独木桥,独木桥两侧的桥栏也是纯原木。年轻人要进入了这个野营"餐厅",必须要从这座独木桥上经过,这无形中又增添了一层野趣,带来了一份乐趣。在近旁还用纯原木修建了秋千,在这绿树环绕的大自然中,品着野餐,再荡着秋千,真是如梦如仙、自在逍遥。

野营地就在北运河畔,在这里又有一个景区,称作"明镜移舟"。

"明镜移舟"顾名思义,这一片北运河河面十分开阔,水流经此流速放缓,因此河面十分平静,又由于水质清澈、明亮如镜,游人坐船或驾舟途经此地,一种"舟在明镜移,人在水中游"的激情与感慨会从心底油然而生。

而在河的右岸,也就是近邻"丛林活力"与"明镜移舟"两个景区,有一片非常开阔的湿地,湿地自成一个景点,叫作"风行芦荡"。

"风行芦荡"由芦苇沼泽、香蒲沼泽、菖蒲沼泽、水葱沼泽、秋穗莎草沼泽组成,实现了将北京地区五种水生植物家族齐聚于一滩,成为北京地区一个最完整的湿地沼泽植物群落展示与观赏区。

春天,游人们可以在这里观赏到成为带状的水生尾园;夏天,则可观赏到连成一片色彩艳丽、品种繁多、长开不衰的睡莲;而进入初秋,将近一人高连片的千屈菜,紫色的花盛开,让人欣喜、令人陶醉。

游客不仅可以在这里获得美的享受,还可以在这里非常直观地认识与了解品种数量众多的湿地水生植物。

为了让游客与青年学生更好地认知水生植物，设计师在湿地水面上修建了一条木栈道，游人可从木栈道上行走，木栈道两侧种植的各种水生植物与游人近在咫尺，可以十分清晰地进行观赏。

为了便于辨认与认知水生植物，在每种不同种类的水生植物旁都竖立了标牌，上面不仅书写了植物名称，还有简单通俗的植物习性介绍。因此，在这片开阔的被称为"风行芦荡"的湿地，实际上还起到了对植物进行科普宣传教育的作用，设计师将传授科学知识与娱乐、休闲、健身有机地融合在一起，实现了寓教于乐的目的。

离开了"风行芦荡"再向东行，眼前出现了一个转角廊亭，这是一个传承了中国建廊造亭风格，又结合北运河郊野风光特色而设计建造的景观建筑，其目的主要是让游人走到这里歇歇脚，休息一下，顺便坐在亭廊中欣赏一下北运河河面上、河岸旁与河岸上的美丽景色。

小歇之后继续向东前行，就来到了"高台平林"景区。这是一个由丰富景观建筑组合而成的重要景区。

首先来到的是一个紧贴亲水平台体量较大，被称之为"亭廊组合"的景观建筑。

这座"亭廊组合"景观建筑，是传承了中国宋朝的宋廊宋亭建筑风格，并在此基础上，又结合了位于北运河畔，向西观赏大运河风光，向东欣赏"枣红若涂"美景的特点而设计建造的。

整个"亭廊组合"长约八十米，南、北各一亭，亭底座约十米见方，两亭之间是约长五十米的宋廊。从亲水平台算起，亭高约十八米，廊高约十二米。

这座"亭廊组合"面对的是整条北运河上一段最宽阔的河面。

夏天，这里碧水白浪、水气浩渺、波光粼粼、云腾霞映、气象万千，大自然的天、地、山、水与风、云、霞、雾组合成一幅让人心潮澎湃、荡气回肠的壮丽美景，让人流连忘返，难以离去。

正是因为这里水面最开阔，景色最宏大壮美，因此通州区的领导与檀馨设计师几乎同时意识到，在这里要建一个亲水河畔的大体量观景建筑，真可谓是英雄所见略同。于是"亭廊组合"的景观建筑，就在北运河畔拔地而起了。

整个建筑有气势、有特色、有美感，给人留下深刻印象，但更让人难忘的是两亭之间、长廊之下，那幅用金丝在黑色石材上镶嵌而成的"潞河督运图"。

整幅潞河督运图长约五十米、高约三至四米。画面真切、翔实地纪录并再现了当年北运河上一派繁荣、兴盛、有序、和谐的生活图景。

站在北运河畔，欣赏反映北运河上气象万千生活场景的画卷，真是别有一番韵味与情趣。

在这幅长卷中，今天的人们可以看到：

相隔几百年前官宦人家有气势的大四合院与民间百姓的小院；

运河上满载粮食，扬起风帆正在航行中的大漕船；

河岸上排成行正在奋力拖拉漕船的纤夫；

岸边码头上正由船上向粮仓扛运粮食的力夫；

官员坐轿出行兵卒们在前面举旗、敲锣开道的庄严场面；

公务在身的公差骑马从运河边疾驰而过的情景；

民家媳妇骑着毛驴回娘家的小景；

市民们在商铺中购物、酒楼上喝酒、饭铺里吃饭、戏台前看戏、街旁观杂耍的热闹场景；

运河的一座大桥上，马车、驴车、手推车、轿子、挑担的农夫来来往往的繁忙景象；

河面上几只摆渡船穿梭在两岸之间运送着南来北往的过客的情景。

站在亲水平台上，欣赏着这幅长卷，往事似烟、历史如云，一时间一起飘浮而来，让人惊喜、令人回味。这一刻似乎从天际间、从运河上、从河岸边传来了：

运河大漕船上船老大指挥起帆、转舵、划桨的喊声；

押运装粮漕船上士卒的命令声；

岸上纤夫拉纤铿锵整齐的号子声；

码头仓库旁力夫扛着粮包入仓的急促喘息声；

河岸上运粮马车、驴车、手推车马嘶人叫的嘈杂声；

酒楼、饭馆、茶室的人来客往的鼎沸声；

街市、商铺、旅店生意兴隆的叫卖声；

戏台上唱戏的锣鼓乐器声。

这声音将游人带回了北运河的历史中，这历史让人回味，让人激动，更让人兴奋。

顺着台阶来到了亭廊中，站在这里向东望去，远处成行连片的枣林，在阳光下一片火红，远远望去，枣林好似被涂抹了一层红漆。红极了、艳极了、美极了，游人由此会升起一种上天、大自然才是最伟大、最杰出的艺术大家、美术大家的感慨。

离开"亭廊组合"，从横跨北运河的甘棠大桥上向东行走，东南方一座十二米高的"瞭望塔"出现在眼前。

这座"瞭望塔"地处北运河入口处，这里是从南方远航而来的运粮、木材、茶叶的大漕船，经过大运河的天津段，驶过武窑桥后的必经之路。

管理北运河的官员与士卒，在这塔上瞭望来往船只，指挥着每年成千上万艘船只进出北运河，其功能就像今天飞机场的指挥塔台。

当从杭州一路艰辛驶来的大漕船的船员们，看到了这座"瞭望塔"，船员们就知道他们来到了北运河，来到了北京城，他们此行安全到达目的地了。

游客可以乘船登到"瞭望塔"塔顶，在高高的塔顶登高极目远望：广阔、浩大、缥缈的北运河，360 度全景呈现在游客眼帘中。

看到这水天一色、宏大壮观的场面，游人会精神振奋、浮想联翩；游人会感到中华民族的祖先是那样的聪慧、勤劳。在那个没有火车、汽车陆路运输大型运输交通工具的年代，就开凿大运河，用大型漕船靠水路大规模运输，没有机械动力，就靠风帆的风力、拉纤的人力。

而指挥南来北往船只安全、有序航行的"瞭望塔"更是祖先的智慧结晶。站在这高高的"瞭望塔"上，游人们会增添强烈的民族自豪感，而这种民族自豪感正是今天国家建设、发展与强大所需要的非常宝贵的精神财富。

走下"瞭望塔"，向西步行不远，来到一座游船码头。登上一艘传承了运河风韵的游船，向西驶去。

坐在船上观赏两岸的景色完全是另一种感觉，另一番天地。"人在水中游，景在岸上移"，此情此景，让游客陶醉迷恋、难忘难舍，正当游客饱览湖光水色的大自然美景时，游船已到达了"红枫广场"码头。

从码头上了岸，在这个"红枫广场"最夺人眼球的是一棵又粗又大、枝繁叶茂的大柳树，在这棵大柳树的树荫下，游人坐在木椅上休息，显得十分凉爽、舒适。广场上还种植了红枫、美国红枫、银杏、元宝枫、黄栌等在秋季最能展现出美丽的植物。"红枫广场"也由此而得名。

临河岸设计了一个巨大的亲水平台，这里既有大、中型游船可靠岸、上下游客的码头，也有可供自驾游小船游人上下的小型浮动码头。码头与亲水平台互相陪衬，十分协调。

穿过"红枫广场",就来了以耕犁为原型,展示了中国久远农耕文化的二十四节气广场。

日在中心,五种色彩的土壤以花坛形式位于东、南、西、北、中各一方,在二十四条色彩各异的广场地面铺装上,摆放了各种动物,以表现出中国的二十四节气。

走过二十四节气广场,"银枫秋实"景区就展现在眼前。

在"银枫秋实"景区,一个名为"大棚囤贮"的景点非常引人关注。

这个"大棚囤贮"景点是将历史上北运河码头旁成排的囤粮大棚,在忠实于历史原状、特色的前提下,进行了创新、发展。现在设计建设的囤粮大棚的外形、体量基本上与历史上的囤粮大棚相近,所不同的是建筑结构与建材已发生了很大变化,采用了金属轻骨架,高顶大空间。

而在实际使用功能上变化则更大。这些新建的囤粮大棚,里面有的被设计为餐厅、茶室、咖啡屋、休闲室,而有的则成为展示花卉、植物的室内大厅、场馆。

由于采用了现代采光、保温的设计与建材,因此在冬季实现了很好保暖效果,又由于采用了大空间与隔热建材,因此在夏季通风降温效果也较好,保暖与降温都实现了能源消耗最少,从而达到了绿色环保与节约能源的目的。

"大棚囤贮"的创意与设计,既让游人认识了当年北运河岸边的大量囤粮大棚,又让这些大棚能为今天的游人提供现实的服务。

构思巧妙、一举两得,应当属于创意设计的经典之作。

在这里还雕刻了一把巨型折扇的景观,这是因为相传历史上粮食由大漕船上运下,运入囤贮大棚。哪个囤贮大棚归属于哪个粮食商贾,里面存了多少粮食,折扇上都刻有密符,密符翔实记载了各商贾囤贮大棚中的情况。验粮官只需验证折扇上的密符，就可掌握粮食商贾的基本情况。因此这把巨型折扇景观可以将北运河漕船运粮的真实史实告知今天的游人，这是一个生动、有趣的历史活教材。

"银枫秋实"景区拥有三百多亩农田，在这里种植了各种品质优异的农作物，长期居住在城市中的居民，若从农村来到城市的老年人，或是曾经上山下乡到过农村、农场、兵团的知识青年，去过"五七"干校的干部，他们对农作物还有些了解。而很多年轻一代就根本不知粮食是怎样生长的，今天十四五岁至二十多岁的年轻女孩与男孩，他们不完全清楚雪白的面粉是从小麦粒中脱壳，然后再碾压成粉的。他们不清楚花生、萝卜是在地底下生长，也不知道花生、萝卜原本生长时地面上有繁茂的绿叶，他们对花生、萝卜的印象就是摆在超市货架上花生、萝卜的最终成品样子。类似的情况还有很多。

而"银枫秋实"景区就可以很好地解决这一遗憾。让城里人在春天时，来这里体会一下耕田、播种，秋天来体验一次收获小麦、花生、大豆、玉米等各种农作物，以及一些经济作物的喜悦与欢快。与当地农民一起参加二十四农历节气中的部分节气，在这里购买绿色环保农产品，在这里的乡野餐厅中品尝刚从地里摘下的农产品。

"银枫秋实"景区可给城里来的游人带来农业、农产品知识，带来乡间野趣与农民的朴实，这对调剂与丰富城里人的生活是大有益处的。

从红枫广场码头再次登上游船，继续向西行驶，沿途经过电视剧《漕运码头》的影视拍摄基地，又穿过宋梁路桥，就来到了最后一个景区——"潞河桃柳"。

在"潞河桃柳"景区中有一个反映北运河历史古迹的重要景点，叫"皇木古渡"。

这个以装运北京皇宫专用的木材而闻名的历史古渡口，曾有过辉煌的历史。

当地流传着这样的顺口溜:"先有皇木厂,后有北京城。"

也就是说没有皇木渡口先为北京运送这么多木材,那么京城是根本建不起来的,因此皇木渡口在先,北京城在后。当年修建北京故宫所用的许多木材,以及城中重要房屋所用木材就是经由这个皇木古渡口运去的。

站在这个皇木古渡口,穿越几百年时空,游客好像又回到了当年热闹繁忙的渡口。在河岸旁、渡口上,各种大小原木堆积如山,每天成排的纤夫拉着漕船靠近渡口,几十个力夫脚夫合力抬着一根巨型原木从漕船上顺着跳板缓慢走向岸边,岸边的几十辆马车正在装运着成堆的小型木材。渡口上,车来人往、人叫马嘶、忙碌紧张,一派兴盛繁荣的景象。

在附近的皇木厂村中,保留着四十六块当年建设北京城的大型花斑石,一百五十米长的运河古道遗址,建皇宫、皇陵用的红丝印叶纹嘉石,"惜字局"的石碑等。在这些珍贵文物中,有一块是重达十五吨的北运河漕运巨石。

皇木厂村中至今还保了一棵已有六百多年历史的巨大的明代国槐。槐树树干之粗需三人才能将其合抱过来,这棵古槐树不仅属于皇木厂、皇木古渡、北运河,它在通州区都具有很高的历史价值,是通州区重要景观之一,被北京市文物局列为市级重点文物。

在宋梁路桥至六环路桥之间的这段北运河两岸,有着近千亩平坦的河岸,在这里建立了"桃柳映岸""茶棚话夕""长虹花雨""榆桥春色"几个景点。

在这里的沿河河岸上,种植了大片的桃树、柳树、杏树、梨树。桃花盛开时节,两岸粉红、大红、粉白的桃花与随风婆娑摇曳的翠绿柳枝相互映衬，绿枝绿叶衬着红花白朵，碧水绿岸映着桃红柳绿，在这里游人可尽享人间之美。

一棵或一行桃树、柳树已让游人感受到了美，而当长达千米，两岸同时展现出连片的桃红柳绿时，这种惊喜，这种激动，让游人难以平静。当游人步入这碧水蓝天、柳绿桃红的景点时，真有步入仙境，来到人间天堂般的感受。

"茶棚话夕"是专为中老年人准备的一个景点。

忙碌辛苦了一生的老年人，小有成就的中年人，他们中不少人在年轻时吃过苦，经历了许多艰辛与磨难。

经历过战争炮火洗礼的人，有许多九死一生的战斗故事要讲述；

经历过三年困难时期吃过树叶挨过饿的人，有许多心酸的往事要倾吐；

经历商海激烈竞争几起几落的企业家、商人，有许多惊心动魄的商战经典要回味。

许多中老年人心中都有自己亲身经历的真实往事要讲述，但他们没有合适的场合、合适的环境与合适的地点，更无合适的倾吐对象。

然而，在这十里北运河河畔，在这"茶棚话夕"景点，倒是一个难得的好场所、好环境、好地点。

与一起前来游玩的老朋友、老战友、老同事、老领导、老部下、老邻居，或者是旅游途中新相识的情趣相同、志向一致的新朋友，来到茶棚中，坐在一起谈往事、忆当年，年龄相近的人一定会找到许多心灵相通、情感交融的共同关心的往事。能向懂得、理解自己的知心人倾吐真情，这也是人生的一大畅快之事，特别是对于孤独的老人、单身的老人更是如此。

至此，通州新城滨河森林公园的六大景区、十八景点都基本上游览了一遍。在整个游览中，除了这六大景区、十八景点外，一些细节也引起了游人的极大关注。

由于檀馨对植物知识了解、认知较深，因此为了把更多自然界植物之美提供给游人享受，她在通州新城滨河森林公园中各设计了"一条穿过树林的路"与"一条赏花的路"。

在"穿过树林的路"两旁，种植洋槐、元宝枫、立柳、金银木、油松、银杏。

在"赏花的路"两侧，种植桃花、海棠花、梨花、国槐、小叶白蜡、垂柳、山桃、李子、紫叶、榆叶梅、连翘等多种花卉并与果园连成一片，成了一个花的世界、花的海洋。

在整个通州新城滨河森林公园的六大景区、十八景点中按照春、夏、秋、冬四季特点种植不同的植物。

春季，沿河观景、桃红柳绿。

沿河岸有垂柳、立柳、玉兰、梨花、杏花、桃花、海棠、连翘、榆叶梅。

夏季，绿荫遮日、荷塘飘香。

有栾树、合欢、紫薇、木槿、醉鱼草、干屈菜、菖蒲、荷花、茨实。

秋季，红叶染林、果实累累。

有银杏、小叶白蜡、元宝枫、红栌、火炬树、刺槐、芦苇。

冬季，青松挺立、傲雪迎春。

有桧柏、侧柏、华山松、云杉、白皮松、金丝柳、迎春、棣棠、黄杨、女贞。

还按照湿地的要求选择了适合湿地种植的植物：

垂柳、旱柳、枫杨、丝棉木、白蜡、黑杨、龙瓦柳、柽柳、桑树、枣树、紫穗槐、红瑞木、野蔷薇、千屈菜、水蓼。

最后还选择了适合扎深根生存的植物：

侧柏、桧柏、银杏、榆树、国槐、香椿、元宝枫、五角枫、栾树、臭椿、泡桐、毛白杨、紫藤。

檀馨将自己的园林植物专业知识与丰富的实践经验都倾注在了新城滨河森林公园的创意与设计之中。

在河岸设计上也进行了许多大胆创新：

利用打入水中成排、成行的密集圆木桩，组成一道河水与河岸的木围墙；

利用天然山石从河边一层层垒起，组成一道河水与河岸的山石围墙；

利用密集、结实的水生植物在水中形成一个屏障，组成一道河水与河岸的植物围墙；

利用缓坡由岸边慢慢过渡到水面。

在林间道路的设计上也进行了多种方案的创新：

采用了透水砖铺砌小路，黄石板嵌草小路，原木小路，碎拼青石板路，河卵石小路，固化土路，石屑小路等。

在新城滨河森林公园的设计中，不仅对亭廊等大体量景观建筑进行了创新，还对一些细节实物给予了很大关注，如路灯、路标、告示牌、木椅、果皮箱等。

新城滨河森林公园的出色设计，是通过创新园林公司的优秀团队的创造性劳动得到实施的。该项工程的项目经理、女工程师陈雷在方圆万亩、长十千米的新城滨河森林公园的特大工地上，不怕辛苦、不惧劳累，每天驾车巡视工地，在现场协调、督促并解决设计方与施工单位的各种技术与质量问题，为新城滨河森林公园的施工投入了大量精力，做了大量工作。她领导的团队为创新景观园林公司做出了新贡献。

技术员张波是一位工作认真、严谨、仔细，待人热心、忠厚、讲诚信的好小伙子，他对新城滨河森林公园的施工充满激情与热情，对自己所从事的园林技术工作十分喜爱，他对许多园林设计师、专家、教授、学者无比尊敬，渴望自己通过努力，也能成长为一个在园林事业上有作为、有贡献的人。

新城滨河森林公园的建设就是因为有了以陈雷经理、张波技术员为代表的一批工程技术人员的共同努力、无私奉献，才会取得今天的成绩。

通州新城滨河森林公园的建成对通州旅游事业的发展是一个巨大的推动。通州区有史以来第一次以区政府的名义召开了旅游产业发展大会，并出台了《通州区人民政府关于加快推进旅游产业发展的意见》，同时还向社会推出了投资额近二十九亿元的二十六个旅游招商项目。

通州区区委书记指出，通州发展旅游业要突出"运河文化"这个特色，把握"运河旅游开发"这个重点。京杭大运河是祖先留给世人珍贵的物质和精神财富，古运河积淀了丰富的历史文化资源。只有将运河旅游高水平地打造成为通州旅游的特色品牌、龙头品牌，并以此辐射带动其他旅游基础设施和旅游项目发展，才能使通州的旅游事业在全市旅游业中独树一帜并脱颖而出。

政府的投资导向作用迅速吸引了民间资本的关注。北京摩登风景文化传播公司与运河公园的管理机构北京新城基业资产运营有限公司签订了五年的合作协议；北京水上行运河文化有限公司、北京京东天雨典当有限公司分别与新城基业公司签订了"运河船餐""运河漕运码头"等项目的合作意向。

著名旅游营销专家郑泽国表示："要想做大某一旅游产品，一定要选择具有独特性和排他性的资源，而通州运河正是这样的旅游资源，作为京杭大运河的北起点它具备成为通州旅游龙头的前提条件。到北京能看一条万里长城，为什么不能看一看作为中国乃至世界奇观的运河起点呢?"

而通州区旅游局局长则表示:"六园十八景紧紧围绕运河自然、生态和田园风光的主题，追求古运河风韵，构建可观、可游、可赏、可用的运河景观，将成为人们了解大运河文化和休闲、旅游、体验大自然的重要场所。就像看长城一定要去八达岭，因为那里的长城最壮观。运河沿线最缺乏的就是'八达岭'这样的品牌，而通州占据古运河北起点的重要节点，加之投入重金实施的环境治理，此时最有机会成为品牌。通州区的目标是让古运河真正具有与万里长城一样的旅游地位，在北京提供给全世界的文化旅游大餐中形成'不到长城非好汉，不游运河真遗憾!'的优秀旅游品牌。"

通州区领导、旅游专家都将北运河提到了与中国万里长城并驾齐驱的高度。事实上，中国的大运河也与长城一样，是人类的伟大创举，世界的重大奇迹。

万里长城长万里，然而在蜿蜒万里的长城中，最著名的旅游景点只有北京的八达岭，因为那里最险峻、最雄伟、最有气势、最让人震撼。

大运河奔腾几千里，纵跨众多省市，然而具有京城皇家背景源头只有北运河一处，并且这里现在已建设得广阔浩渺，植物景观丰富多样，能展现人与自然的和谐美，能让人充满激情并获得美的享受。

因此，以万里长城的八达岭为借鉴，发展大运河京城起点，北运河的通州新城滨河森林公园，将其建设成为一个与八达岭长城齐名的国际著名旅游品牌，这一思路是完全正确、可操作，并能获得成功的。

八达岭长城在中国与国际上的巨大影响，是举世皆知的。巨大的影响力，从全世界各国、中国各地滚滚而来的海量游客，造就了这里旅游事业的成功、繁荣与辉煌，同时每年也给国家、当地政府与百姓带来了巨大的财富。一个八达岭带动了旅游经济，造福了一方百姓。那么一条大运河上的北运河，一座精心打造的人与自然融为一体的通州新城滨河森林公园，也或将迎来中国各地与全球各国的海量游客，从而造就一个新的著名旅游景点，这里的旅游事业也将走向成功、繁荣与辉煌。一条北运河，一座通州新城滨河森林公园也将带动这里的旅游经济，造福这里的一方百姓。

一位资深记者在采访檀馨时真诚地说，他在撰写中国著名古建筑、文物专家郑孝燮时，曾这样写道："郑孝燮在当年中国不重视古建筑，不认为这是民族珍贵遗产时，他不顾个人得失，勇敢地保住北京德胜门未被拆除。德胜门有灵不应忘记这位老人，中国的子孙后代更不应忘记这位保住德胜门的老人！"

今天，这位记者说，对于北运河我将会这样写："檀馨总设计师，为建设人与大自然高度和谐、植物种群丰富多样的通州新城滨河森林公园作出了开拓性的杰出贡献。通州新城滨河森林公园是对北运河璀璨历史的继承与光大，北运河有灵不应忘记檀馨这位老人，中国的子孙后代也不应忘记这位开拓、创新、设计并建设这座北运河公园的老人！"

记者的这一席话对檀馨来说是一个巨大的肯定。

檀馨从小喜爱绘画，喜爱大自然的山山水水，用她的真情描绘美丽的大自然；

檀馨进入大学，在园林专业知识的海洋中学习、探索、研究、创新；

檀馨六十年的园林人生与园林结下了不解之缘，她学园林、爱园林、设计建设园林；

　　檀馨心系园林、情连园林，她设计园林并把园林建设在北京与全国许多地方，把美丽播撒在千万中国百姓的心中；

　　檀馨一生的勤奋与辛劳，给百姓带来了美丽的生活，而她自己也在这美丽的园林设计人生中走向事业成功所带来的幸福、愉悦与美满。

　　檀馨的美丽园林设计人生，是她自己的宝贵财富，也是创新景观园林公司的宝贵财富，同时也是许许多多正在成长中的中青年园林设计师与园林企业家的宝贵财富。

　　檀馨六十年的园林人生创造了无数的奇迹，这些奇迹汇聚在一起，展现了她奇人、奇事和传奇的园林人生。

　　一个人能将美丽高雅的园林与典雅有内涵的园林人生留给当代人与后人，这就足矣了！

后　记

　　檀馨作为中国园林界一位做出辉煌业绩的女园林设计师、女总工、女教授、女企业家，她一次又一次在面临巨大艰险，甚至是难以逾越的重大困难面前，石破天惊、化险为夷，取得巨大成功，展现出一个传奇人物的传奇园林人生。

　　檀馨从 1962 年北京林业大学毕业到北京园林局设计室工作至 1993 年她近退休年龄决定下海创建民营园林设计公司的前三十年，她在国有体制下，年纪轻轻就与世界建筑大师贝聿铭联手设计建设了香山饭店，并获得成功，一举成名。她又在紫竹院、陶然亭这些中国著名的公园设计与建设中，展现了极大的才华与智慧，做出杰出贡献，让人十分称奇。

　　更让人称奇的是，后三十年檀馨跨入她一手创建的民营园林设计企业后，这个从国有体制下走过三十年园林人生的女董事长，大胆坚定地抛弃了国有体制中的众多弊端，同时科学务实传承了国有企业的许多优势，发扬自己在园林设计上的出众才华、博学知识、丰富经验，在管理上以身作则、先人后己，鼓励先进人才，更激励优秀人才脱颖而出，从而带出了一支高水平、高素质、能打硬仗、建功立业的专业设计与建设团队，使民营公司从小到大，发展迅速，成为一家在行业内有很大影响力的园林设计公司。

檀馨在她七十五岁生日时，著书一部：《梦笔生花，檀馨谈意——我的园林情怀》，这部书翔实地记述了檀馨六十年园林人生真实的历史与珍贵的业绩。全书图文并茂、内容翔实、文字清新、设计高雅、装订高档，这是送给檀馨这位中国著名园林设计师的生日大礼与纪念。

中国工程院院士、北京林业大学著名教授孟兆祯先生，在为这部书的祝词中写道：

檀馨在学校时就是高才生，从小爱画画，练就了"心手相印"的功夫，毕业进入社会以后她是业务尖子，迄今完成了五百余项园林设计项目，其中有些荣获至高的奖项。她有园林的情怀，更情有独钟地热爱我们首都北京。人民培养了她，她又通过开展工作培养了下一代年轻人，再把成功的设计实践提升为理论进而著书立说。作为综合国力组成部分之一的风景园林事业，能有这样的支撑和投入共筑中国梦，这是值得大家庆贺的。

纵观檀馨设计建设的五百多个优秀园林项目，能看到她无不在科学方面追求更大的绿量，在艺术上追求美轮美奂的无尽效果，而且将二者融为一体。

国家大剧院院长陈平先生在祝词中赋诗一首：

祝贺檀馨著书立说

时代造就英才，

英才反映时代，

梦笔生花更美，

永葆园林情怀。

北京市园林局原副局长、北京市园林协会理事长张树林女士在祝词中写道：

檀馨是一个追梦的人，也是一个实干家，她能够根据社会发展的需要，不断吸取相关学科知识，拓展园林设计行业的领域。现在檀馨已到了颐养天年的年龄，但她还保持着充沛的精力和不断学习、探索的活力，其动力是她对终身从事的园林事业有着深厚的感情。一个人生理年龄是自然规律，但心理年龄是一个人的精神境界。有梦想才有追求，有追求的人是幸福而充实的。祝老友檀馨健康快乐。

檀馨大学时代的恩师，园林事业的启蒙人，杨赍丽教授在祝词中写道：

檀馨及其设计团队之所以能取得成功，除了深入理解设计对象丰富内涵及文化价值外，更是充分了解其构成类型的不同特征，不同文化性质，并且具有一种宏观的开阔视野，在学科发展基础上不断吸纳时代需求，拓展系统。每一个成功人士同时都会在对国外理论及优秀作品的学习过程中，辅之以对国情深刻的关切。作为檀馨大学时代的老师，我不仅要衷心地祝贺檀馨和她的设计团队在过去的时间里所取得的成绩，也要衷心地祝愿他们：为中国风景园林事业美好明天，为实现生态文明和美丽中国梦想而走向更广阔的天地。

檀馨的学生，中国叠山大师韩建伟在祝词中写道：

山贵有脉，水贵有源。作为园林叠山家，我从艺几十年了，深知源和脉的重要，明白缘分的深浅。从檀馨老师对我的栽培中，我体会到山的高度，源的深度，感悟到老师的温度和风度。她有一颗洒满阳光的心，她有一副云淡风轻的宽广胸襟，她总在谈笑间成就新时代的园林，也总用温馨的巨掌提携学生，指点苍山。

而在檀馨著书立说迎来这么多真诚的祝愿后的 2015 年，她又荣获了中国风景园林学会授予她的"终身成就奖"。当檀馨围着火红的围巾，手捧艳丽的鲜花，幸福而充满激情地领到这个"终身成就奖"时，她深深地感到自己是世界上最幸福的人！她把美丽的园林建在了祖国的大地，造福国家与人民，给国家与人民带来美丽清新的园林，带来了胜过金山银山，满眼青山绿水的生态环境，而国家和人民也会深深地记住她、感谢她，给了她最大的光荣与荣誉。

习近平主席提出了要大力推进生态文明建设，努力建设美丽中国，绿水青山就是金山银山。檀馨积极响应习主席的号召，她最关注的是城乡大地的重塑。北京市两个百万亩城市森林工程是她与公司设计团队近年来的工作重点，已经取得效果的项目有通州台湖万亩休闲园、东南郊万亩湿地公园、潮县万亩生态林。在农村乡镇大尺度空间的绿化上，在改善城市生态环境、净化北京空气、还北京蓝天白云的事业上，檀馨与她公司的设计团队都已做出了很大的贡献。

2018年11月10日是檀馨八十岁的生日。人生七十古来稀，更何况是八十岁。八十岁了，许多工作不能亲历亲为了。檀馨认真地考虑一个问题：怎样把中国的园林事业传承下去？让中国的江山一年比一年，一代比一代更加美丽？要解决这个问题，就要后继有人，要有优秀的园林设计建设公司与一流的园林设计建设人才。

为此，檀馨做了两个非常明智的决定：

其一，创建设立"馨基金"。檀馨专门设立了"馨基金"的教育基金，为母校北京林业大学的风景园林学院捐赠资金作为长远的奖励基金。奖励给一届又一届学习刻苦、善于创新、学业优异、品德佳好的优秀的园林后起之秀，让中国园林设计建设后继有人，不断涌现出优秀、杰出、国际一流的人才，让中国园林事业走在国际前列，长盛不衰。

其二，自己一手创办的北京创新景观园林设计公司，一定要培养具有优秀管理能力、杰出设计水平、功底扎实、有名气威望、有社会影响力的优秀接班人。虽然是民营企业，但传承务实求真、脚踏实地、精益求精的企业精神，使企业继承传统、发扬光大、长期繁荣发展正是檀馨的重大责任。当自己家庭和家族里不具备这样优秀接班人的时候，就要大胆、无私地启用社会上的优秀人才。檀馨经过多年的培养传授、考察考验，已基本上确定了接班人人选，但还要进行更加深入的传承、带领、帮助、辅导，直到接班人能完全独立地带领整个公司运行运转。

只要优秀园林设计建设人才与园林设计建设事业薪火相传，那么，中国大地上就会到处都是青山绿水，一个生态和谐的美丽的中国，一个强大富强的中国，就会永恒屹立在世界东方。

2022 年 6 月 20 日
于北京